KB115944

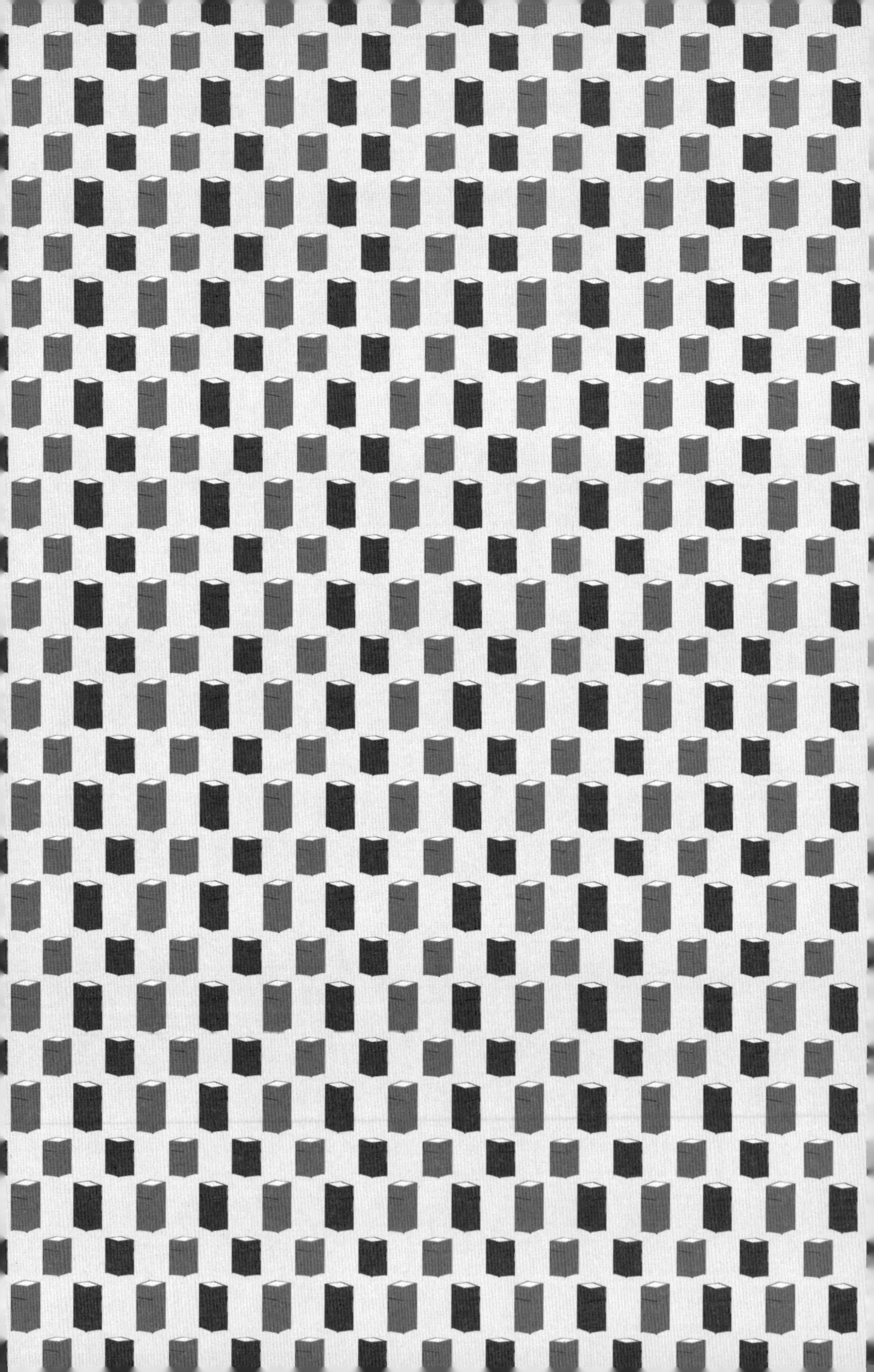

통섭적 사고력을 키우는

냉장고 인문학

통섭적 사고력을 키우는
냉장고 인문학

발행일 2021년 11월 1일 초판 1쇄 발행
지은이 안창현
발행인 방득일
편 집 박현주, 허현정, 한해원
디자인 강수경
마케팅 김지훈

발행처 맘에드림
주 소 서울시 도봉구 노해로 379 대성빌딩 902호
전 화 02-2269-0425
팩 스 02-2269-0426
e-mail momdreampub@naver.com

ISBN 979-11-89404-54-3 44300
ISBN 979-11-89404-03-1 44080(세트)

※ 책값은 뒤표지에 있습니다.
※ 잘못된 책은 구입처에서 교환하여 드립니다.

불확실성 시대의 무기,
생각하는 힘을 키우는 청소년 인문학

통섭적 사고력을 키우는

냉장고 인문학

안 창 현 지음

평범한 냉장고에서 시작하는 통섭의 인문학

바야흐로 밈(meme)의 시대입니다. 특히 요즘에는 인터넷 덕분에 재미있다고 생각되면 너도나도 전파에 적극적으로 참여하면서 가히 무서운 속도로 퍼져 나가죠. 분야도 참으로 다양합니다. 예컨대 대중의 별다른 반응 없이 잊힌 노래가 밈을 통해 순식간에 유행하는가 하면, 꼬리에 꼬리를 무는 말장난이나 각종 패러디가 앞다투어 벌어지기도 합니다. "코끼리를 어떻게 냉장고에 넣을 것인가?"도 '밈'의 고전적 사례라 부를 만하죠. 철학, 과학, 수학 등 다양한 분야에서의 패러디가 꼬리에 꼬리를 물고 이어졌으니까요.

그렇다고 이 책이 어떻게 코끼리를 냉장고에 넣을지 생각해보려는 것은 아닙니다. 하지만 냉장고라는 우리에게 매우 평범하고 친근한 사물을 매개로 이런저런 이야기를 나누는 동안 고정관념에서 벗어나 다양한 관점에서 바라보고 자유롭게 생각을 펼쳐 나가며, 나아가 그러한 생각들을 융합 및 재구성해볼 수 있지 않을까 기대하는 마음에 집필을 시작하게 되었습니다.

| 특권층의 전유물에서 시작된 차가운 역사 |

요즘에는 냉장고가 없는 집을 찾아보기 어렵습니다. 심지어 일부 가정에서는 냉장고를 몇 대씩 보유하기도 하죠. 이제는 단순히 음식을 차갑게 유지하는 기능을 넘어, 인공지능이 탑재된 스마트한 냉장고까지 출시되어 있습니다.

사실 우리 인류는 뜨거운 것만큼이나 차가운 것이 매료되었습니다. 뜨거운 불을 통해 음식을 익혀 먹기 시작하면서 인류의 폭발적인 두뇌 성장이 일어났고, '불'의 통제는 인류 발전사의 주요 분기점이 되었죠. 한편 차가움에 대한 인류의 갈망은 인류의 창의성을 자극해 생활 혁신에 기여한 바가 지대합니다. 예컨대 온도를 낮춰 어떻게 차갑게 할지 고민함으로써 더 오래 먹거리를 보관할 수 있게 되었고, 또 매일 사냥을 나가거나 채집을 해야 할 필요 없는 생활의 여유를 갖게 되었죠.

과거 '차가움'은 아무나 누릴 수 있는 평범한 것이 아니었습니다. 오늘날처럼 흔하게 냉장고를 접할 수 없었던 시절, 더운 여름에 얼음은 극소수의 권력자나 부유층 외에는 감히 넘볼 수조차 없었다는 점에서 특권층을 상징하는 사치품 중의 사치품이기도 했죠. 중국 전국시대의 《예기》에 이런 말이 있습니다.

伐氷之家

벌빙지가

이 말이 무슨 뜻인가 하면, 장례 또는 제사 때 얼음을 쓸 자격이 있는 경대부 이상의 집안을 의미합니다. 여기서 경대부란 중국 주대(周代)에서 춘추전국시대에 사용했던 신분 호칭으로 자신의 영지를 소유한 귀족을 뜻합니다. 이 말을 통해서도 얼음은 잘 나가는 귀족 이상만 누릴 수 있는 특권층의 전유물이었음을 잘 알 수 있죠. 태어난 순간부터 냉장고에서 사계절 내내 얼음을 꺼내 먹고, 여름이든 겨울이든 카페에 가면 온갖 '아이스' 음료를 쉽게 접할 수 있는 오늘날에는 상상하기 힘들지만, 이 기록에서 엿볼 수 있는 것처럼 한여름의 얼음은 왕이나 귀족처럼 사회 구성원 중 극히 일부만 누릴 수 있는 호사(豪奢)였습니다. 신분을 막론하고 차가움에 대한 갈망은 모두 같은데, 특권층만 누릴 수 있었다는 것이 참으로 불공평합니다. 그런데 지금은 세상이 달라져서 누구나 쉽게 얼음을 구할 수 있으니까 공평한 세상이 된 걸까요? 쉽게 대답하기 어려운 질문입니다.

| 냉장고를 길잡이 삼아 떠나는 통섭 여행 |

이제부터 이 책에서는 냉장고와 관련된 이런저런 이야기들을 풀어가 볼까 합니다. 근대 과학기술의 산물인 냉장고의 탄생 이전에 사람들은 어떻게 먹고 살았는지, 냉장고는 어떻게 변화해왔는지 살펴볼 것입니다. 하지만 이 정도로 이야기를 끝낸다면 너무 시시할 것입니다. 그래서 냉장고를 통해 경제나 사회, 과학, 나아가 최근 점점 더 심각해지는 환경문제와 지구의 미래에 관해서도 함께 생각해보려고 합니다.

혹시 '통섭'이라는 말을 들어보았나요? 통섭(consilience)이란 사전적 의미로 "서로 다른 것을 한데 묶어 새로운 것을 잡는다."는 뜻입니다. 요즘에는 단순히 많은 지식을 기계적으로 학습하는 것보다 지식을 융합하고 창조적으로 재구성할 수 있는 능력이 훨씬 더 주목을 받고 있죠? 통섭은 그 자체로 지식의 융합을 의미합니다. 삼성경제연구소 윤순봉 부사장은 "20세기는 분할된 전문지식의 시대였지만, 21세기는 통합된 거대 지식의 세계"[1]라고 했습니다. 냉장고라고 하는 누구나 일상 속에서 매일 접하는 '사물'을 매개로 하여, 이것과 관련된 이런저런 사회현상과 경제발전, 음식문화, 과학기술의 발전 등을 두루 살펴보는 것 또한 재미있는 통섭 여행이 되지 않을까요?

여러분에게 냉장고는 가정의 주방, 마트나 편의점에 가면 흔하

1. 김영욱, 〈[CoverStory] '통섭'〉, 《중앙일보》, 2006.12.21.

게 볼 수 있는 평범한 물건에 불과할지도 모릅니다. 하지만 관점을 조금 바꾸어 냉장고를 살펴보는 것은 생각보다 여러분에게 꽤 흥미로운 이야깃거리를 안겨줄 것입니다. 마치 앨리스가 시계 토끼를 통해 미지의 세계로 가는 입구를 만난 것처럼 냉장고 또한 여러분을 새로운 세상으로 안내해줄지 모릅니다. 냉장고와 함께하는 이 통섭 여행에서 사회, 과학, 인문, 경제 등을 두루 아우르는 동안 가벼운 이야깃거리도 만나고, 때론 조금 무거운 주제도 만날 것입니다. 또 이야기를 따라가다 보면 어떤 부분은 좀 더 깊이 탐구해보고 싶은 마음이 들지도 모릅니다. 그 과정에서 몰입하고 싶은 분야를 발견한다면 더없이 기쁠 것입니다.

그럼 이제부터 차가움에 매료된 우리 인류의 과거부터 현재, 미래까지 냉장고와 함께하는 인문학 이야기를 시작해보려고 합니다.

안 창 현

차 례

1장

"차가운 것에 매료된 인류!"

냉장고와 인간

2장

"더 멀리, 더 오래, 더 빨리, 더 많이!"

냉장고와 음식문화

3장

"냉장고, 경제를 뒤흔들다!"

냉장고와 경제발전

4장

"냉장고, 과학과 함께 진화하다!"

냉장고와 과학기술

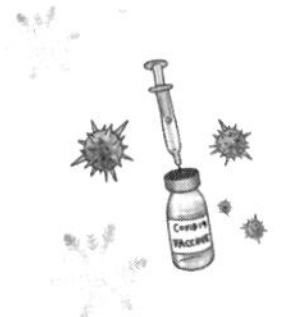

5장

"다 함께 지구를 지켜라!"

냉장고와 환경문제

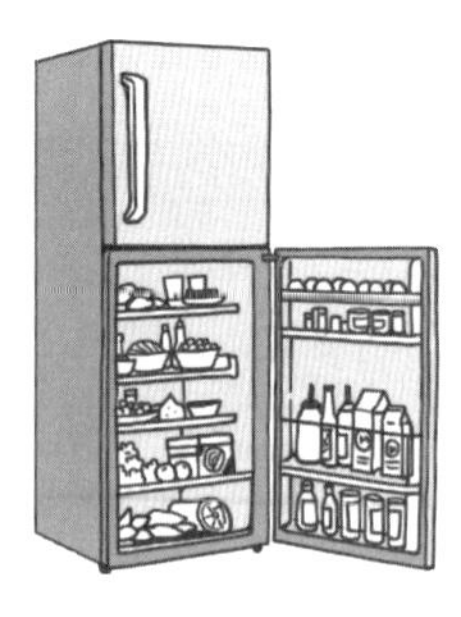

냉장고를 길잡이 삼아 떠나는 본격적인 여행에 앞서 본능적으로 차가운 것을 갈망한 우리 인류와 냉장고의 탄생 기원 등을 짚어보려고 합니다. 현재와 같은 전자기기 형태의 냉장고가 개발되기 전에도 인류의 조상들은 나름대로 음식을 차게 또 오래 보관할 수 있는 방법을 경험적으로 터득해왔습니다. 그들이 경험을 통해 차곡차곡 쌓아온 생활의 지혜는 현재에 이르리시도 여전히 의미 있는 평가를 받고 있습니다. 놀랄 만큼 과학적이고 영양학적으로도 우수한 것으로 알려졌죠. 근대 과학기술의 발달과 함께 탄생한 현대적 냉장고와 4차 산업혁명 시대의 인공지능 냉장고에 이르기까지 냉장고의 발전사부터 냉장 · 냉동 기술의 발전이 경제에 미친 영향 등을 두루 살펴보려고 합니다.

1장

"차가운 것에 매료된 인류!"

냉장고와 인간

01 갈망

인류, 본능적으로 차가움을 탐하다

유독 밥을 사랑하는 한국인에게 김이 모락모락 피어오르는 갓 지은 밥과 따뜻한 국은 불멸의 인기 메뉴입니다. 특히 찬 바람이 매섭게 불어오는 쌀쌀한 날씨에는 어묵탕 같은 뜨끈뜨끈한 국물 생각이 절로 떠오르죠. 하지만 무더운 여름엔 사정이 다릅니다. 찜통더위 앞에선 뜨거운 것을 상상만 해도 땀이 줄줄 흘러내릴 것 같아서 아예 더운 음식은 만들기도, 먹기도 싫어집니다. 물론 이열치열(以熱治熱)이라고 뜨거운 삼계탕 같은 여름 보양식도 인기가 있기는 하지만, 날씨가 무더울 때는 시원한 냉국이나 냉면, 콩국수, 또 꽁꽁 얼린 아이스바나 빙수 등의 인기가 겨울에 비해 크게 올라가죠. 더위에 입맛을 잃은 어르신들은 찬물에 밥을 말아서 훌훌 들이키시기도 합니다. 추울 땐 따뜻한 것을 찾게 되고, 더울 땐 시원한 것을 찾게 되는 것은 우리의 욕망과 아주 밀접한 관계가 있습니다. 특히 차가운 것에 대한 인류의 욕망은 남다른 데가 있습니다.

불과 함께 ' 뜨겁게' 시작된 문명, '차갑게' 꽃피우다

그리스신화를 보면 제우스가 감춰둔 불을 몰래 훔쳐서 인간에게 내준 프로메테우스의 이야기가 나옵니다. 인간에게 불을 전달한 대가로 프로메테우스는 낮에는 독수리에게 간을 쪼여 먹히고, 밤이 되면 다시 쪼인 간이 회복되는 것을 반복하는 끔찍한 형벌을 받게 되었죠. '불'은 사실상 문명을 의미하며, 그리스신화에서 프로메테우스는 인간에게 맨 처음 '문명'을 가르친 상징적 인물로 묘사됩니다. 이처럼 우리 인간의 '문명'은 '불'과 함께 시작되었다고 해도 과언이 아닙니다. 실제 인류사를 돌아봐도 인간이 불을 사용한 것은 대략 10만 년 전 정도로 추정됩니다. 그러니 아주 까마득한 옛날부터 인류는 불을 통제해왔던 거죠. 상상조차 어려울 만큼 참으로 오랜 시간입니다.

이토록 장대한 불의 역사에 비해 인류가 '차가움'을 통제하기 시작한 건 그리 오래되지 않았습니다. 사실 불은 마찰을 통해서도 쉽게 일으킬 수 있고, 한번 불이 붙으면 다른 곳에 옮겨 붙이기도 쉽죠. 하지만 차가움을 다루기란 그처럼 간단한 일은 아니었습니다. 훨씬 더 과학적이고, 또 복잡한 메커니즘을 필요로 하는 일이었으니까요. 실제로 인류가 '차가움'을 자유자재로 다룰 수 있기까지는 매우 오랜 시간이 더 흘러야 했습니다.

'차가움'을 다루는 능력은 인간이 이룩한 과학기술의 발전과 깊은 관련이 있습니다. 물론 차가움을 보존하는 기술은 제법 오래전부터 이루어졌다고 봐야 하지만, 불을 옮겨 붙이듯 차가움을 쉽게 다룰 수 있었던 건 아닙니다. 인류가 차가움을 자유자재로 다루게 된 건 근대 과학기술의 발전과 맥을 함께합니다. 본격적인 냉장·냉동기술의 발전을 이룩한 것은 근대 과학기술의 발전 이후니까요. 어떻게 보면 인류의 문명은 불과 함께 '뜨겁게' 열렸고, 지성을 발휘해 '차갑게' 꽃 피웠다고 표현해도 과언이 아닐 것입니다. 왠지 모를 말장난처럼 들리나요? 이것이 그저 말장난인지 아닌지는 앞으로 이어질 내용을 통해 차근차근 살펴봅시다.

체온을 조절하려는 인간의 생존 본능

◦◦◦

인간이 차가운 것을 좋아하는 이유는 인간의 본능적인 선택과 관련이 깊습니다. 인간은 후각이나 청각, 시각이 다른 동물에 비해 떨어지는 편입니다. 하지만 온도 감지 능력만큼은 아주 예민한 편이죠. 예컨대 섭씨 0.5도의 온도변화조차 금세 알아채고 정상체온인 36.5도에서 아주 약간만 체온이 올라가도 몸 상태가 이상하다고 느낍니다. 흔히 볼 수 있는 수은 온도계에서 ±섭씨 0.5도는 오차가 발생해도 이해될 정도의 아주 미세한 변화인데, 인간의 감각기관은 이 정도의 미세한 온도변화까지 구별해내는 능력을 가진 거죠. 인간이 후각이나 시각보다 온도에 더 민감한 이유는 기온과 생존 사이의 밀접한 관계에서 찾을 수 있습니다. 대표적으로 적도와 극지방의 기온 차이가 그 지역에 거주하는 사람의 외모, 체형, 체모의 변화까지 가져온다는 점에서 기온이라는 요인이 인류 생존에 미치는 영향력을 짐작할 수 있습니다.

그럼 어떻게 온도 변화를 감지할까요? 인간의 몸에는 온도계 역할을 하는 온도 감각기관이 있습니다. 온도 감각이 정상적으로 작동되는 온도는 섭씨 5~45도 정도이죠. 보통 10~40도 정도에서는 그럭저럭 버틸 수 있지만, 만약 이 범위를 넘어서면 무슨 수를 써서라도 빨리 벗어나고 싶어집니다. 너무 뜨겁거나 차다고 느끼는 거죠. 여기서 재미있는 사실 하나. 온도 감각기관 중에서도 열기를 감지하는 신경세포는 냉기를 감지하는 세포보다 피부 표면에 더 가깝게 자리하고 있다고 합니다. 그러한 이유로 인간은 추위보다 더위에 더 민감하게 반응하며 시원함을 찾게 되는 거죠.

개구리나 뱀 등과 같이 외계의 온도에 의해 체온이 변화하는 동물을 '변온동물'이라고 합니다. 이와 반대로 인간은 체온을 항상 일정하게 유지하는 '항온동물'입니다. 따라서 평상시에는 늘 섭씨

36.5도 내외를 유지하려고 합니다. 더운 곳에 머물면 온도가 높은 곳에서 낮은 곳으로 이동하는 열평형 현상에 의해 외부의 열이 인체로 들어오려고 하게 됩니다. 그러면 우리 몸은 긴장하게 되고 생존을 위한 방어기제가 작동합니다. 갑작스럽게 외부 온도나 체온이 상승하면 우리 뇌의 시상하부는 긴장 상태로 들어갑니다. 뇌하수체를 통제해 혈관을 확장시켜 심장박동이 빨라지도록 하지요. 심장, 신장, 폐, 간 등 장기에 명령을 내려 피부로 향하는 혈액량을 빠르게 늘립니다. 이때 발생한 열이 혈액을 타고 피부로 이동하면서 피부가 뜨거워지고 땀이 나는데, 이 땀이 증발하면서 몸 속의 열을 대기로 방출하여 몸을 식히게 되는 거죠.

그런데 습도가 높으면 땀을 증발시키기 어렵다 보니 쉽게 체온을 내릴 수 없습니다. 그래서 습도와 기온이 함께 높은 여름엔 우리 몸의 온도 조절이 쉽지 않죠. 전 세계적으로 최악의 폭염이 기승을 부리며, 우리나라도 여름이면 뜨거운 열돔에 갇혀 늦은 밤에도 고온현상이 나타나곤 합니다. 하루 이틀도 아니고 연일 이어지는 무더위 속에 곳곳에서 피해 소식이 들려옵니다. 특히 인간은 체온 조절이 잘 안 되면 잠깐이면 몰라도, 오래 지속되면 실신이나 열사병, 발진 등 이상반응이 나타납니다. 또한 뇌에도 영향을 줄 수 있는데, 아직 신체 발달 중인 어린이나 허약한 노약자라면 좀 더 치명적입니다. 의식이 흐려지고 알아들을 수 없는 헛소리를 하기도 하죠. 또 무더운 날씨에는 식욕 조절 기능 중추 역시 잘 기능하지 못해 식욕이 떨어지고 소화 기능이 약해집니다. 몸의 열기를 빨리 없애기 위해 심박이 빨라지고, 열로 인해 세포가 파괴되어 몸에 염증이 생기는 등, 우리 몸은 더위에 아주 취약한 편입니다. 따라서 더위를 피하고 시원한 것을 좋아하는 이유는 우리의 본능이자 생존을 위한 불가피한 선택이라고 할 수 있죠.

옛날에도 얼음으로 더위를 식혔다… 권력자들만

◦ ◦ ◦

미국의 심리학자 매슬로우(Abraham H. Maslow)는 인간의 욕구를 생리적 욕구, 안전에 대한 욕구, 애정적 욕구, 존경에 대한 욕구 그리고 자아실현의 욕구로 구분했습니다. 그의 주장에 따르면, 더위를 피하려는 인간의 행위는 가장 기본이 되는 생리적 욕구의 하나로 볼 수 있습니다. 그래서 인류는 고대부터 지금까지, 무더위를 피하고 시원해지는 방법을 고민해왔습니다.

냉장고가 발명되기 전 인류는 더위를 피하고 시원한 상태를 유지하기 위해 어쩔 수 없이 자연의 힘에 의존해야 했습니다. 예컨대 여름철에는 얼음을 얻기 위해 높은 산 위의 만년빙(萬年氷)을 운반했고, 겨울엔 강이나 호수의 얼음을 '빙고(氷庫)'에 저장해 두었다가 사용하기도 했습니다.

중국의 유교 경전의 하나인 《주례(周禮)》에는 '능인'이라는 관직이 나오는데, 이는 겨울철 산에 들어가 얼음을 잘라 빙고에 저장하는 일을 담당하는 사람을 뜻합니다. 또 다른 유교 경전인《시경》의 빈풍(豳風)에는 "12월이 되면 얼음을 탕탕 깨고 깨어 정월에는 빙고에 넣었다."는 기록이 남아 있습니다. 역사서《춘추(春秋)》의 주석서인《춘추좌씨전》에는 좀 더 자세한 기록이 남아 있는데, 다음과 같습니다.

> "얼음을 저장할 때는 심산궁곡(深山窮谷)의 그늘지고 매우 추운 곳에서 떠내다가 저장한다. 그것을 여름철에 꺼내어 고관(高官)들이나 손님의 접대, 장례식, 제사 때에 나누어 쓰게 하였다. 얼음을 저장할 때는 염소를 제물로 바쳐 사한(司寒)에 제사를 지냈다. 3월이나 4월 초에 빙실 문을 열어 임금이 첫 번째로 사용하고 대부(大夫), 노인, 병자에게 얼음을 나누어주었다."

이처럼 여러 기록을 통해 꽤 일찍부터 자연상태의 얼음을 저장했다가 필요할 때 꺼내 사용해왔음을 알 수 있습니다. 전국시대에 발간된《예기(禮記)》에는 '벌빙지가(伐氷之家)'라는 독특한 명칭이 등장하는데, 이는 장례나 제사 때 얼음을 사용할 수 있는 경대부(卿大夫) 이상의 집안을 칭하는 일종의 호칭이었습니다. 이를 통해 당시에는 지체 높은 가문에서나 더운 여름에 얼음을 사용할 수 있었다는 것을 짐작할 수 있습니다.

#라떼는_#추억박물관#벌빙지가_#한여름_#얼음은_#특권층의_#전유물이었대!

우리나라에도 고대부터 얼음을 사용한 기록이 남아 있습니다. 《삼국지 위서동이전》에는 "부여에서는 여름철 사람이 죽으면 얼음을 쓴다."는 구절이 있습니다. 《삼국유사》에는 신라 유리왕 때에 '장빙고(藏氷庫)'라는 일종의 얼음 보관소를 만들었다는 기록이 남아 있죠. 또 《삼국사기》 신라본기에는 505년(지증왕 6년), 왕이 얼음을 저장해두었다가 쓰라는 명을 내린 기록이 있습니다. 《삼국사기》 직관지(職官志)에 의하면 얼음에 관련한 일을 맡는 관아를 '빙고전(氷庫典)'이라 불렀다고 합니다. 빙고전은 얼음을 저장했다가 왕이나 고관이 필요할 때 내주는 일을 담당했죠. 이때 얼음을 저장했던 창고가 그 유명한 석빙고(石氷庫)입니다.

조선시대에는 동빙고와 서빙고를 설치해 얼음을 관리했습니다. 동빙고는 왕실에서 여름철 종묘사직에 제사를 지낼 때 사용하는 얼음을 보관했습니다. 한편 서빙고는 음식과 고기를 저장하거나 왕실과 관리들이 먹을 얼음을 보관했죠. 임금이 관리에게 얼음을 하사하는 '반빙(頒氷)'이라는 제도가 있을 만큼, 한여름에 얼음을 쓰는 것은 아무나 쉽게 누릴 수 없는 호사였습니다. 게다가 특권층이 누린 이러한 호사 뒤에는 민중의 고단한 희생이 자리하고 있었습니다. 임금과 고위관직이 더운 여름 내내 시원하게 이용할 얼음을 비축하기 위해, 한겨울에 살을 에는 추위 속에서 얼음을 채집하고 운반하는 등의 든 힘든 노동을 견뎌야 했던 건 바로 평범한 민중이었기 때문이죠.

02 탄생

냉장고, 편리함을 추구하는 인류의 욕망을 사로잡다

우리는 차가움에 대한 인류의 오랜 갈망과 근대 과학기술이 발전하기 전까지 선조들이 어떻게 얼음을 보관해왔는지 등을 살펴보았습니다. 우리에게는 세상 흔한 얼음이 과거에는 특권층의 전유물이었다는 것이 놀랍습니다. 한편으론 소수 특권층에게 혜택이 집중되는 현상은 예나 지금이나 크게 달라진 것이 없다는 데서 새삼 씁쓸함도 느껴집니다.

획기적 발명품으로 세상에 선보이다

○ ○ ○

디지털 시대를 살아가는 여러분에게 냉장고는 여전히 특별할 것 하나 없는 흔하디 흔한 가전제품의 하나일 것입니다. 그저 출출할 때 습관적으로 문을 열어볼 뿐, 평소에는 부엌 한구석에 조용히 자리 잡고 있는 따분한 물건쯤으로 생각하지 않을까요? 그래서 냉장고와 함께 떠나는 여행이라는 말조차도 심드렁하게 여겨질지도 모르겠군요. 하지만 냉장고 안에는 단지 먹거리만 담고 있는 것이 아닙니다. 우리 인간의 희로애락(喜怒哀樂)과 욕망, 이기심, 탐욕 등과 함께 문화, 경제, 사회, 과학 등의 요소들이 두루 담겨 있는 통섭의 공간이지요.

혹시 알고 있나요? 냉장고는 인류 역사를 뒤바꾼 ○○을 선정할 때면 빠지지 않고 등장할 만큼 우리 인류사를 통틀어 가장 획기적인 발명품 중 하나로 손꼽힙니다. 예컨대 미국의 시사 잡지 《라이프(Life)》는 '밀레니엄 시대를 앞두고 지난 천 년간 인류 역사를 흔든 100대 사건' 중 냉장고의 발명을 53위에 선정하기도 했습니다. 얼핏 과장처럼 들리기도 하지만, 냉장고의 등장은 인류사에 그만큼 경이로운 획을 그은 사건이었죠.

냉장고의 등장과 함께 우리의 생활문화는 과거와 크게 달라졌습니다. 사실 오늘날과 같은 대형마트들이 등장할 수 있었던 것도 냉장고의 탄생과 밀접한 관련이 있습니다. 냉장고가 가정마다 보급되기 전까지만 해도 대형마트 같은 건 쉽게 찾아볼 수 없었습니다. 각 가정에서 과일이나 야채, 생선, 고기 등을 신선한 상태로 오래 보관할 방법이 없었기 때문에, 어차피 한꺼번에 장을 볼 수도 없었으니까요. 또 잔칫날 같은 특수한 상황이 아니라면 굳이 한꺼번에 너무 많은 양의 음식을 요리하지도 않았습니다. 그래서 그 시절 주부들은 매 끼니 신선한 식자재로 요리하기 위해 거의 매일 장을 보는 것이 당연한 일과였죠.

냉장고가 바꾼 우리의 라이프스타일

○ ○ ○

여러분은 혹시 냉장고 없이 살 수 있나요? 아마 상상조차 하기 어려울 것입니다. 사정없는 폭염이 몰려오는 푹푹 찌는 여름날에 시원한 물 대신 미지근한 물만 마셔야 한다거나 차가운 아이스크림, 시원한 탄산음료를 맘껏 마실 수 없다는 상상만으로도 끔찍할 테니까요. 그런데 냉장고가 등장한 건 고작 100여 년밖에 되지 않았습니다. 1910년대 미국에서 처음으로 냉장고가 판매되었고, 한국에선 1965년에 이르러서야 냉장고가 생산되었죠. 또 냉장고가 등장하자마자 각 가정에 바로 보급된 것은 아닙니다. 갓 등장했던 때만 해도 냉장고는 고가의 사치품이었으니까요. 600가구 중 겨우 한 가구 정도만 보유할 뿐이었죠. 즉 부자들을 제외한 서민의 대부분은 여전히 냉장고 없이 여름을 지냈습니다. 하지만 냉장고의 편리한 기능이 대중의 마음을 사로잡아 구매욕을 자극했고, 할부제도의 발달과 함께 빠르게 보급되었죠.

냉장고가 우리나라 가정에 보편적으로 널리 보급된 것은 거의

1980년대에 이르러서입니다. 이때부터 거의 모든 가정의 필수품으로 자리 잡으면서 주부들은 비로소 매일 장을 보는 일에서 해방되었습니다. 말이 쉽지, 매일 장을 본다는 건 정말 번거로운 일입니다. 아무리 짧게 잡아도 매일 1시간 때때로 몇 시간씩 장을 보는 데 써야 한다고 생각해보세요. 족쇄가 따로 없겠죠? 하지만 냉장고 등 가정용 전자제품들이 속속 등장하며 가사노동시간도 점차 단축되었습니다. 그 결과 여성의 취업과 경제활동에도 영향을 주었죠. 여러 데이터를 살펴봐도, 가전제품의 일반화와 여성의 경제활동 간에는 유의미한 관계가 있는 것으로 나타납니다.

이제는 각 가정에서 대형마트나 창고형 매장에서 식자재를 대량 구매해 냉장고에 가득 저장하는 것이 일반화되었죠. 그리고 김치냉장고, 와인냉장고, 화장품냉장고 등 다양한 종류의 냉장고까지 등장했고, 가정마다 1대 이상의 냉장고를 보유하기에 이르렀습니다. 냉장고가 우리 생활에서 빼놓을 수 없는 필수품으로 확실히 자리를 잡은 것입니다.

편리함 뒤에 가려진 불편한 진실

∘ ∘ ∘

냉장고가 이토록 빠르게 보급된 데는 편리함을 추구하는 인간의 강한 욕망이 중요한 동력으로 작용합니다. 역사적으로 볼 때, 우리 인류는 어떻게 하면 좀 더 편리하게 살 수 있을지 끊임없이 고민했고, 또 꾸준히 편리함을 추구해왔습니다. 그 결과 현재와 같은 엄청난 기술의 발전도 이룩할 수 있었던 것이겠죠. 하지만 아이러니하게도 늘 전혀 예상치 못한 부분에서 부작용이 발생하곤 합니다. 때론 편리의 이점을 훌쩍 뛰어넘는 위험한 부작용까지 초래되고 있죠. 인류사의 획기적인 전환을 가져온 농업혁명과 산업혁명도 그러한 위험한 부작용에서 예외는 아니었으니까요.

냉장고도 마찬가지입니다. 냉장고가 우리 생활에 가져온 변화는 편리성과 함께 생활의 질을 높이는 데 크게 기여하는 것은 사실이지만, 부작용도 만만치 않습니다. 가장 대표적으로 오랜 시간 꼽히는 것이 냉매로 인한 환경오염 문제겠죠? 이후 뒷장에서 좀 더 자세히 이야기하겠지만, 냉장고의 냉매로 오랜 시간 사용된 프레온가스는 오존층 파괴의 주범으로 꼽힙니다.

또한 냉장고로 인해 음식을 오래 저장 및 보관할 수 있게 되면서, 예기치 못한 다양한 부작용이 나타나고 있죠. 냉장고 덕분에 오랜 시간 많은 먹거리를 보관할 수 있게 되면서, 인류의 삶이 자연과 점점 멀어졌다는 것입니다. 예컨대 처음엔 남은 음식을 상하지 않게 지켜주었을 테니 음식물 쓰레기를 크게 줄여주었을 것입니다. 하지만 뛰어난 저장 능력 덕분에 다 먹지도 못할 만큼 점점 더 많은 먹거리를 소비하게 만들었죠. 필요 이상 먹거리를 많이 사다 보니 자연스럽게 음식물 쓰레기도 많이 나오게 됩니다. 이는 결과적으로 환경오염 문제로 이어지게 되었죠.

게다가 제아무리 성능이 뛰어난 냉장고라고 해도 음식을 천년 만년 보관할 수 있는 것은 아닙니다. 실온에 비해 훨씬 느리기는 하지만 결국 부패합니다. 혹시 여러분도 냉장고 깊은 곳에 잠들어 있는 유통기한이 훌쩍 지난 식자재나 음식물을 발견하고 놀란 적이 있지 않은가요? 심지어 몇몇은 대체 언제부터 냉장고에 있었던 것인지 가물가물할 지경입니다. 비록 일부에 불과하지만 이러한 모습은 기술의 발전이 우리에게 미치는 악영향에 대해 다시 생각해보게 됩니다.

대형마트나 인터넷 쇼핑몰 등을 보면 늘 소비 심리를 부채질하는 온갖 종류의 마케팅 행사가 끊이지 않고 이어집니다. 예컨대 쇼핑을 할 때면 1+1, ○종 패키지 등 각종 마케팅 이벤트에 홀려 자신도 모르게 당장 필요하지 않더라도 카트에 쓸어 담습니다. 그리고 집으로 돌아와 잔뜩 구매한 식자재를 커다란 냉장고에 꾸역꾸역 넣어둡니다. 또 최근 크게 늘어난 온라인 쇼핑도 마찬가지입니다. 반짝 세일 상품을 보면 무심코 마우스를 클릭하여 장바구니에 담게 되죠. 이러한 소비행태는 우리에게 전혀 낯설지 않습니다. 혹시 우리는 과소비를 여유 있는 삶이라 착각하고 있는 게 아닐지 반성해볼 필요가 있습니다.

적당함을 넘어선 식탐과 과소비의 뒤에는 욕망에 의존해 몸집을 불려가는 자본이 숨어 있습니다. 기업은 계속 새로운 냉장고를 만들어 팔고, 우린 냉장고를 사기 위해 일하고 또 그 냉장고를 채우기 위해 과로합니다. 점점 커지는 냉장고처럼 우리의 욕망도 함께 끝없이 부풀어 오르고 있죠. 하지만 무언가를 소유한다고 해서 과연 욕망이 채워질까요? 안타깝게도 오히려 소유하면 할수록 더 비싸고 좋은 물건에 대한 갈증만 더욱 깊어질 뿐입니다. 물건은 단지 욕망의 크기가 얼마나 큰지 보여주는 거울에 불과합니다. 욕망의 크기를 결정하는 건 결국 인간의 마음입니다. 스스로 멈추기 전에는 끝없이 커질 수밖에 없다는 뜻입니다. 그러니 물건으로 욕망을 채우기 위해 삶을 낭비하기보다는 적절한 수준에서 멈출 줄 아는 지혜가 필요한 때입니다.

03 보급

집에 냉장고 있는 사람 손들어!

1980년대까지만 해도 새 학기만 되면 반복되는 연례행사가 있었습니다. 바로 가정환경 조사입니다. 요즘에는 이러한 조사가 그 자체로 차별과 낙인찍기 등을 유발하는 문제점이 지적되면서 사라졌죠. 아무튼 당시 가정환경 조사에는 부모님의 학력, 직업 등은 물론 각 가정에서 보유하고 있는 가전제품의 종류와 수량까지도 조사 대상에 포함되었습니다. 가정환경 조사를 할 때면 선생님께서 학생들에게 이렇게 말했죠.

"집에 냉장고 있으면 손들어!"

"에어컨 있으면 손들어!"

이런 질문을 받으면 집에 냉장고나 에어컨이 있는 학생들은 자랑스럽게 손을 번쩍 들었습니다. 부러운 얼굴로 손든 친구를 바라보는 모습은 이제 까마득한 추억이 되었습니다. 오늘날에는 주로 사는 동네가 어디인지, 아파트에 산다면 어떤 브랜드의 아파트에 거주하는지, 몇 평인지, 부모의 직업은 무엇인지 등으로 생활 수준을 판단하죠? 그런데 1980년대까지만 해도 가전제품의 보유 정도가 경제력이나 생활 수준을 판단하는 척도가 되었습니다. 쉽게 말해 집에 냉장고나 에어컨이 있으면 그래도 형편이 웬만하다고 간주한 셈이니 참 놀랍죠? 요즘은 이런 것들이 거의 필수품처럼 인식되다 보니 보유는 당연하고, 얼마나 고급사양의 제품을 소유하는지가 새로운 과시의 척도가 되고 있습니다.

등장하자마자 시선 집중!

◦ ◦ ◦

우리나라에서 생산한 최초의 가전제품은 1959년에 탄생한 라디오였습니다. 현 LG전자의 모태인 '락희화학'에서 만든 제품이었죠. 그리고 7년 후인 1966년, 국내 최초의 흑백 TV가 등장했습니다. 혹시 등장할 당시 흑백 TV의 가격이 얼마인지 알고 있나요? 그 무렵 회사원 1년 연봉 수준인 6만8천 원이었다고 합니다. 텔레비전 1대를 사려면 1년 치 연봉을 지불해야 한다는 뜻이죠. 하지만 엄청난 가격에도 TV의 인기는 하늘을 찔렀고, 공개 추첨을 통해 판매하기도 했습니다.

냉장고의 등장도 텔레비전 못지않게 뜨거웠습니다. 우리나라 최초의 국산 냉장고는 1965년에 '눈표냉장고(GR-120)'라는 이름으로 출시되었습니다. 이 냉장고는 눈처럼 하얀색 외장에 선반 3개, 얼음 그릇 3개, 채소 그릇과 맥주병 바구니가 각각 하나씩 딸린 냉장고로 용량은 120리터였습니다. 일반 가정에서 800리터가 넘는 대용량 냉장고 보유가 흔한 오늘날과 비교하면 참 아담하고 귀여운 크기입니다. 그런데 가격은 결코 만만치 않았습니다. 당시 대졸 직장인 월급이 약 1만 원에 미치지 못했는데,[2] 이 냉장고의 출시가가 무려 8만 6천 원이었으니까요. 지금은 세계에서도 손꼽히는 경제발전을 이루었지만, 이때만 해도 우리나라 가정의 소득 수준은 대체로 낮은 편이었습니다. 그러다 보니 집에 텔레비전이나 냉장고 같은 가전제품을 보유하고 있는 친구를 보면 '오, 얘네 집 부자인가 봐?'라고 자연스럽게 생각했던 것입니다.

텔레비전과 냉장고가 등장하기 시작할 무렵은 바로 우리나라가 경제 국가로 막 발돋움을 시작하던 때였습니다. 한국전쟁의 상처를 극복하고, 가난에서 벗어나기 위해 다 함께 몸부림치면서 본격적인 경제발전을 이루며 고성장 시대로 막 나아가던 때였죠. 웬만한 부잣집을 제외하고 대다수의 가정에서는 세간이라고 해봐야

2. 1965년 서울 6개 일간지와 3개 통신사의 평균 임금 초임은 7,400원, 1972년 9급 공무원 봉급이 1만 7,300원이었다.

장롱 외에는 변변한 가구 하나 찾아보기 어려웠습니다. 그런 세상에 어느 날 갑자기 등장한 신식 가전제품들은 사람들의 이목을 집중시킬 수밖에 없었죠. 태어나서 단 한 번도 구경해보지 못한 편리하고 신통방통한 물건들이었기 때문입니다. 그렇게 사람들의 마음을 사로잡은 전화, TV, 냉장고 등과 같은 신문물들이 하나둘 가정으로 들어오기 시작했습니다.

여유로운 삶과 부의 상징

○○○

텔레비전이나 냉장고 등의 가전제품들이 선보일 때마다, 대중은 기술의 발전에 놀라고, 편리함에 열광했습니다. 하지만 워낙 비싼 가격 탓에 서민 가정에서는 쉽게 들일 엄두를 낼 수 없는 물건이었습니다. 냉장고는 그중에서도 가장 비싼 물건 중 하나로 초창기에는 '부의 상징'으로 통했죠. 심지어 냉장고를 사면 이웃에 얼음을 돌리는 문화가 있었다고 합니다. 여러분이 생각하기엔 좀 우스울지도 모르겠네요. 미니멀한 사이즈의 정수기에도 얼음을 생성하는 기능이 탑재된 요즘 시대에 생각하면 재미있고, 한편으론 이웃 간의 왕래가 정겹습니다. 그때만 해도 대다수가 냉장고 대신 아이스박스에 얼음을 사다가 넣고 음식을 차갑게 보관하곤 했기 때문에, 냉장고에서 얼음틀에 얼린 얼음은 흔히 볼 수 없어서 아

#라떼는_#추억박물관_#얼음_선물#이웃_간의_#훈훈한_#정

마 받는 사람에게도 꽤 귀한 선물이었을 것입니다.

금○사는 냉장고 출시 직후부터 수년간 '한국 최초의 금○ 전기 냉장고'라며 대대적으로 광고했습니다. 요즘 냉장고 광고는 고객의 수요와 시장 트렌드, 거주 공간의 특성까지 고려한 맞춤형 가전을 어필하는 내용을 주로 담고 있죠? 인테리어의 수준을 높이는 디자인, 나아가 마치 예술작품 이상으로 아름답게 만들었다고 어필하기도 합니다. 하지만 출시 당시만 해도, 냉장고의 광고 포인트는 '차가운 기능'에 집중하면서 그 편리한 기능이 가져오는 생활의 안락함, 윤택함을 함께 강조했죠. 즉 많은 음식을 차갑게 보관할 수 있는 능력을 강조하기 위해 냉장고 안에 수박, 복숭아 같은 과일과 맥주병, 음료 등을 가득 채우고, 그 옆에는 서구적이고 화려한 외모의 여성이 척 보기에도 고급스러운 의상을 입은 채 만족스러운 듯 환한 미소를 지으며 과일을 그릇에 담아 들고 있었죠. 당시 우리나라뿐만 아니라 세계 각국은 패권국인 미국을 선망의 시선으로 바라봤는데, 만약 집에 냉장고가 있으면 마치 그들처럼 여유롭게 생활할 수 있다는 듯 환상을 자극했던 거죠.

그리고 여성들의 지위 향상이 꽤 이루어진 지금에도 여성이 담당하는 가사노동의 비중이 남성에 비해 여전히 높은 편이지만, 그때는 아예 가사노동은 여성의 고유 업무라는 인식이 지배적이었습니다. 그것이 광고 내용에도 반영되어 주 사용자가 여성이라는 의미로 주부를 상징하는 여성 한 명이 주인공으로 등장했던 거죠.

요즘 냉장고 광고에 남자 주인공 또는 온 가족이 등장하는 것과 사뭇 대조적입니다. 당시 냉장고의 주요 판촉 대상은 가족의 식사를 책임지던 주부였고, 자연히 그들의 마음을 사로잡는 데 홍보의 초점을 맞췄던 것입니다. 그래서 광고에도 행복한 모습의 여성을 담아, 냉장고가 있다면 행복해질 수 있다는 인식을 심어주려는 의도를 읽어낼 수 있습니다.

빠르게 생활필수품으로 자리잡다

◦ ◦ ◦

우리나라는 1960년대 이후 급속한 경제발전과 함께 수출이 크게 늘어났고, 국민소득도 증가했습니다. 구조적으로도 경공업 중심에서 중화학공업 중심으로 공업 구조가 바뀌었죠. 1977년에는 수출 100억 달러를 달성하였고, 국민들의 소득 수준 또한 빠르게 높아지면서 1970년대에 들어 냉장고 수요가 급증하기 시작합니다. 이에 금성사뿐 아니라 동신전기, 대한전선, 동양정밀, 삼양전기 등 여러 기업에서 신제품을 출시하기 시작합니다. 출시 무렵인 1965년, 채 1%도 되지 않던 냉장고 보급률은 70년대 후반에 이르자 50%에 가까운 수치를 기록하게 됩니다. 회사에 다니며 꼬박꼬박 월급을 받는 중산층의 구매력이 상승했기 때문이지요. 이후 냉장고는 가정의 필수 가전제품이 되어 1986년 보급률 95%를 기록

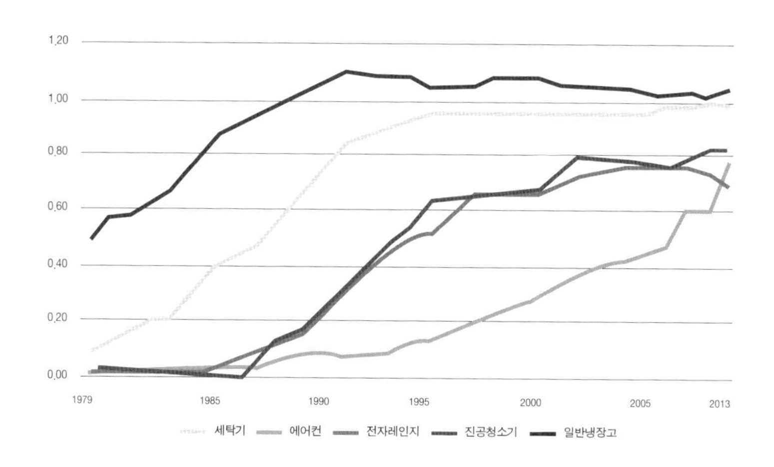

※자료: 한국전력거래소, 〈가전기기 보급률 및 가정용 전력 소비행태 조사〉, 각 연도

연도별 가전제품 가구당 보급률(1979~2013)
1970년대 급속한 경제성장과 함께 각 가정의 가전제품 보급도 빠르게 이루어졌다는 걸 그래프에서도 알 수 있다.

할 정도로 성장했습니다. 그 한 예로, 삼성전자의 냉장고 생산실적은 1982년 39만 대에서 1987년 111만 대로 5년 만에 무려 3배 가까이 증가했다고 합니다.

이처럼 냉장고가 빠르게 보급될 수 있었던 가장 큰 이유는 아무래도 한국 경제의 급성장일 것입니다. 한국전쟁 이후인 1955년, 우리나라는 국제금융기구인 국제통화기금(IMF)과 세계은행(WB)에 가입했습니다. 이때 우리나라의 국민총생산(GNI)은 겨우 65달러로, 아프리카의 가나, 가봉보다도 낮았죠. 그러나 1960년부터 정부를 중심으로 수출을 통한 경제발전 성장 전략을 펼치면서 경제가 가파르게 성장했습니다. 1970년대에는 정부가 중화학공업을 집중 육성하고, 수출기업에 각종 특혜를 주면서 경제 산업화가 이루어졌죠. 이러한 경제발전은 교육을 통한 인재 양성과 동시에 성실한 국민의 노력이 있었기 때문에 가능했습니다. 마땅한 보유 자원이 없는 우리나라에서 근면 성실함을 강조하는 사회 분위기와 국민의 자발적 노력은 고속 성장의 일등공신이었죠.

드디어 거의 모든 가정에 냉장고가 보급된 1980년대에 들어서면서 냉장고는 본격적으로 덩치를 키우기 시작합니다. 마침 아파트가 중산층의 대표적인 주거 유형이 되면서 현대적 주방에서 찬장이 모습을 감추었고, 먹다 남거나 덜어놓은 음식은 찬장이 아니라 바로 냉장고에 보관하기 시작했기 때문입니다. 1980년대 후반, 가전제품 기업들은 이런 상황을 반영해 당시로선 초대형인 460리터짜리 냉장고를 선보였죠. 그러다가 새로운 냉장고가 등장했습니다. 마치 가구처럼 좌우로 문이 열리는 양문형 냉장고가 출시되었습니다. 요즘에는 양문형을 넘어 문이 4~5개나 달린 제품도 등장했죠. 그와 함께 냉장고의 용량도 점점 더 대형화되었습니다.

또 마당이 없는 아파트에서 김장독을 대신해 사계절 내내 신선한 김치맛을 지켜줄 김치냉장고도 드디어 1980년대에 등장했죠. 요즘은 500리터의 대형 김치냉장고도 흔히 볼 수 있지만, 1984년 처음 출시되었을 때의 김치냉장고는 플라스틱 김치통 4개가 들어가는 45리터 용량의 아담한 크기였습니다. 하지만 당시 신문 광고의 홍보문구를 보면 김치냉장고의 등장은 그 자체로 대단한 혁신이었다는 점을 짐작할 수 있습니다.

> "기술 금○이 주부님께 드리는 또 하나의 만족.
> 국내 최초의 금○ 김치냉장고 탄생!"

김칫독을 묻기 어려운 아파트에서 생활하는 가구가 늘어나면서 김치냉장고 또한 빠르게 각 가정에 보급되기 시작한 거죠. 이후 김치냉장고는 김치뿐만 아니라 다양한 식품을 저장할 수 있는 제품으로 진화했고, 이제는 연간 100만 대 이상이 판매되는 주방 필수가전이 되었습니다.

자, 지금까지 차가운 것을 갈망한 인류와 근대기술의 발전과 함께 우리에게 온 냉장고의 탄생과 보급 과정 등을 살펴보았습니다. 아직은 좀 시시한가요? 2장부터는 본격적으로 냉장고와 음식문화, 냉장고와 경제발전, 냉장고와 과학기술, 냉장고와 환경문제 등에 얽힌 이야기들을 두루 살펴보려고 합니다. 냉장고에 담긴 따뜻한 기억과 차가운 지성이 우리의 생각을 좀 더 시원하고 상쾌하게 만들어주길 기대해 봅니다.

냉장고는 우리의 생활을 크게 바꾸었는데, 그중에서도 우리의 일상생활과 가장 밀접한 음식문화에 미친 영향을 빼놓을 수는 없습니다. 앞에서도 냉장고가 일반화되기 이전에는 한꺼번에 장을 보지 않고 날마다 조금씩 장을 봐 왔다는 이야기를 했습니다. 하지만 냉장고를 통해 장기간 먹거리를 보관할 수 있게 되면서 한꺼번에 대량으로 장을 보는 형태로 달라지게 되었죠. 이제부터는 본격적으로 냉장고와 관련된 과거부터 현재까지 음식문화의 변화를 살펴보려고 합니다. 또한 냉장고가 없던 시절에는 주로 어떤 음식을 먹었고, 어떻게 좀 더 오래 보관하여 먹었는지도 함께 알아볼까 합니다.

2장

"더 멀리, 더 오래, 더 빨리, 더 많이!"

냉장고와 음식문화

01 자연의 섭리

대체 옛날 사람들은 뭘 먹고 살았을까?

더운 여름날, 무섭게 치솟는 기온에 눅눅한 습기까지 더해지면 불쾌지수가 급상승하며, 조그만 일에도 쉽게 짜증이 납니다. 이처럼 이처럼 고온다습한 날씨는 기분만 상하게 하는 것이 아닙니다. 음식도 쉽게 상해버리게 만들죠. 만약 여름날 먹거리나 식재료를 깜박하고 실온에 방치했다가는 금세 상하기 쉽습니다. 하지만 우리에겐 냉장고가 있습니다. 야채도 과일도 고기도 생선도 냉장고에 보관하면 안심입니다. 특히 냉동실에 꽁꽁 얼려두면 꽤 오랫동안 두고두고 먹을 수 있죠. 하지만 냉장고가 없던 시절에는 어떻게 했을까요? 과거에도 무더운 여름은 매년 어김없이 찾아왔을 것입니다. 그리고 굳이 여름이 아니라도 음식이나 식재료를 실온에 방치하면 변질되기 쉬운데, 그때 사람들은 도대체 어떻게 먹고 살았을까요?

밥상 위의 사계절, 제철 음식

◦ ◦ ◦

요즘은 제철 음식이라는 게 큰 의미가 없어졌습니다. 원하면 사계절 내내 원하는 먹거리를 구할 수 있는 시대이니까요. 하우스 재배로 계절의 변화에 상관없이 채소나 과일을 얻을 수 있을 뿐만 아니라, 농산물의 세계화로 원하는 먹거리를 언제 어느 때건 손쉽게 구할 수 있습니다. 그리고 이러한 먹거리 생활의 중심에 냉장고가 있습니다. 그럼 냉장고가 등장하기 전, 옛날 사람들의 식생활을 한번 살펴볼까요?

과거에 우리 밥상은 좋든 싫든 제철 음식이 중심이 되었죠. 오늘날 우리나라는 점차 아열대 기후화되는 추세지만, 오랜 시간 우리나라의 남쪽지방은 온대기후, 북쪽은 냉대기후에 가까웠는데, 전체적으로 사계절이 뚜렷하고, 계절이 바뀔 때마다 건강에 도움이 되는 계절 채소를 맛볼 수 있었습니다. 예컨대 봄이 오면 겨우내 움츠리고 있던 우리 몸은 신진대사가 활발해지고, 한결 따뜻해진 날씨에 야외 활동도 많아집니다. 자연히 에너지도 많이 필요로 합니다. 그래서 비타민B와 무기질이 풍부한 쑥, 냉이, 달래, 씀바귀 등과 같은 씁쓸한 봄나물로 반찬을 해 먹었죠. 여름엔 높은 기온으로 조금만 움직여도 땀이 납니다. 땀과 함께 우리 몸에 있는 무기질도 빠져나가기 때문에 무기질이 풍부한 오이, 가지, 수박, 참외 등을 먹었습니다. 수확의 계절 가을에는 햇곡식과 햇과일을 먹을 수 있었습니다. 또 날씨가 건조하고 추워지면서 피로해진 몸을 달래기 위해 노폐물을 없애주는 버섯, 토란, 고구마 등을 먹었습니다. 이처럼 주로 싱싱한 제철 재료로 요리했던 거죠. 다만 채소가 나지 않는 겨울을 대비해 시래기처럼 햇빛에 말린 뒤 엮어서 보관하거나 장아찌나 김장을 담가 보관해두고 먹기도 했죠.

또한 과거에는 지금보다 훨씬 더 자연재해나 해충으로 인한 피해에 취약했기 때문에 수확량이 일정하지 않았습니다. 그리고 토지당 대규모 자본이나 노동을 투입하는 방식인 집약농업 시대가 아니다 보니 요즘처럼 단위 생산량도 많지 않았죠. 생산 능력도 지금에 이르지 못했지만, 무엇보다 오래 보관할 방법이 마땅치 않았기 너무 많이 생산하면 어차피 버려야 했을 것입니다. 그러다 보니 서민 가정에서는 더더욱 음식을 넉넉하게 쟁여놓을 수 없었습니다. 특히 부패하기 쉬운 생선이나 육류는 그날그날 동네 어물전이나 정육점에서 사 왔죠. 그나마 오래 보관할 수 있는 음식은 김치나 장류, 장아찌, 건어물과 곡식 등 몇 가지에 불과했습니다. 야채도 오래 먹기 위해서는 시레기나 무말랭이처럼 수분을 바싹 건조시켜 보관했습니다. 집마다 장독대에는 김치나 장을 보관할 수 있는 크고 작은 항아리들이 옹기종기 놓여 있었죠. 요즘처럼 식재료를 무조건 사 먹는 것이 아니라 직접 재배하거나 산과 들에서 채집한 푸성귀들을 반찬으로 먹었을 것이고, 시장에서도 요즘처럼 다양한 품목들을 쉽게 만날 수 있었던 시절은 아니었습니다.

냉장고 없이 음식을 오래 보관하는 방법

◦ ◦ ◦

우리 인류는 냉장고가 없던 시절에도 경험적 지혜를 바탕으로 먹거리를 오래 보관할 수 있는 방법을 연구해왔습니다. 예컨대 소금에 절이는 **염장**, 된장과 같은 미생물을 활용하는 **발효**, 햇볕과 바람에 말리는 **건조**, 불과 연기로 수분을 줄이는 **훈연**, 설탕 절임 등 세계적으로 보편화된 음식 보관법이 많습니다. 과일이나 산나물을 설탕과 섞어 발효시키는 **효소**도 일종의 설탕 절임입니다. 식초처럼 pH(물의 산성과 알칼리성을 나타내는 수치)가 낮은 **산성** 액체로 미생물이 살 수 없는 환경을 만드는 방법도 있습니다. 깨끗이 살균한 병이나 캔에 담아 미생물의 침입을 막기도 했죠. 혹은 밀봉한 용기 전체를 가열해 미생물을 죽이면서 조리하는 전통적인 음식 보관 방법도 있습니다. 또 무 같은 뿌리채소는 땅에 묻고 양파나 양배추, 과일은 서늘한 지하저장고나 토굴에 저장했죠.

다만 동서양이 선호하는 저장 방식은 차이가 있습니다. 즉 서양에서는 초절임이, 동양에서는 염장이 많이 발달했죠. 그 이유는 날씨 때문입니다. 날씨가 건조한 서양에서는 채소에 식초와 물을 함께 채워 채소가 물을 머금고 있도록 했습니다. 한편 동양은 상대적으로 습도가 높아서 삼투압 효과를 이용해 채소에서 수분을 짜내는 방법을 주로 사용했던 거죠. 그래서 똑같은 재료로 다른 형태의 저장식품이 만들어진 것입니다. 예컨대 서양은 오이를 이용해 피클을, 우리나라는 짠지로 만들어 먹었죠. 흔히 '피클' 하면 오이 피클이 떠오르지만, 피클은 설탕과 식초 등을 이용하여 절인 저장 음식을 통틀어 가리킵니다. 어떤 재료인지에 상관없이 절여서 만든 음식은 모두 피클이라고 불렀죠. 실제로 미국이나 유럽에서는 우리나라의 김치를 'Kimchi'라는 고유명사 대신에 'Pickled Cabbage'라고 부르기도 하는데, 해석하면 '절인 배추'라는 뜻입니다.

우리나라를 대표하는 저장 음식이라면 뭐니 뭐니 해도 전 세계적으로 널리 우수성을 인정받고 있는 김치입니다. 지금은 대부분 김치냉장고에 보관하지만, 1970년대까지 김치는 마당의 장독대 항아리에 두거나 한겨울 김장김치는 땅에 항아리를 파묻어 보관했습니다. 지금은 거의 아파트에 거주하다 보니 김장독을 묻어둘 만한 곳도 마땅치 않지만, 김치냉장고가 워낙 널리 보급되었고, 성능도 뛰어나 일 년 내내 신선한 김장김치를 맛볼 수 있죠. 또 김치냉장고에서 취향에 따라 숙성 단계를 선택할 수도 있고, 원하는 맛을 일정하게 유지할 수도 있습니다.

시간이 빚은 선물, 전 세계의 저장 음식

ㅇㅇㅇ

냉장고가 없던 시절에 인류가 발견해낸 음식 보관 방법의 공통점은 한마디로 기다림이 아닐까요? 냉장 · 냉동기술 자체도 문제였지만, 오늘날과 같이 음식물이 썩는 속도를 인위적으로 늦추는 인공 방부제도 존재하지 않았기 때문에 시간의 흐름에 순응했던 거죠. 전 세계의 다양한 저장 음식을 살펴보더라도, 대체로 오래 건조하거나 숙성시키는 방식으로 보관해왔습니다.

먼저 남아메리카의 '추뇨(chuño)'라는 음식은 무려 잉카시대부터 즐겨 먹던 음식으로 세계 최고의 냉동 건조 식품으로 꼽힙니다. 추뇨는 수확한 감자 중 작은 것을 골라 4~5일 말린 후 짚으로 싸서 발로 잘 밟아 수분을 제거합니다. 이것을 날이 추워지면 고지대로 가져가서 얼려버리는 것입니다. 그럼 한 2~3년은 너끈히 저장해두고 먹을 수 있게 된다고 합니다. 비슷하게 한국이나 일본에서는 된장에 오이와 가지를 박아두고 오랜 기간 먹었죠.

또 중국에는 피단이란 것이 있는데, 강한 염기성을 이용한 저장 식품입니다. 오리알이나 달걀에 염기성을 띤 석회 성분의 진흙을 바르고 나서 겨에 묻어 삭혀 만드는 일종의 발효음식이죠. 이렇게 삭혀진 알은 몇 개월 이상 보관할 수 있어 두고두고 먹을 수 있습니다. 여러분도 아마 중국집에서 오향장육이나 양장피 같은 요리를 시켰을 때, 이 피단을 접해본 적이 있을 것입니다.

그럼 고기는 어떻게 보관했을까요? 가장 손쉬운 방법은 건조였습니다. 고기나 생선처럼 단백질 성분이 많은 식재료를 실온에 그냥 방치하면 금세 썩어버리게 됩니다. 따라서 빨리 조리해서 먹어치워야 했죠. 하지만 고기를 말리면 꽤 오래 두고 먹을 수 있었죠.

이렇게 말린 고기가 우리에게도 익숙한 육포입니다. 주로 먼 길을 떠날 때 가지고 다니며 몰려오는 허기를 달랬는데 쓰였다고 합니다. 우리는 육포 하면 흔히 소고기 육포를 떠올리지만, 서민들은 쉽게 접할 수 없었습니다. 특히 소는 농사는 물론, 물자를 운반하는 데도 빼놓을 수 없는 만큼 삼국시대 때는 죽은 소가 생기면 먹을 뿐이지, 소고기 섭식을 금기시했다고 합니다. 조선시대의 서민들은 비싼 소고기 대신에 단백질 공급을 위해 개를 잡아서 만든 구포(狗脯)라는 육포를 즐겼다고 전해집니다.

아무튼 전 세계적으로 냉장고가 없던 시절에 음식 보관 방법의 두드러진 공통점이라면 '자연의 섭리'를 억지로 거스르기보다 최대한 순응하여 이용하는 방식이라는 점입니다. 즉 시간의 흐름에 따른 변화를 애써 막기보다 오히려 변화를 적극 활용했던 거죠. 현대의 인공적인 처치와는 대조적으로 시간의 흐름 속에서 일어나는 자연적인 화학작용을 이용해 음식을 보존하고 숙성시켰으니까요. 그래서인지 몰라도 전통방식으로 만들어진 먹거리들은 여전히 영양학적으로 우수한 평가를 받고 있는 것들이 많습니다.

의학기술이 발달한 요즘 아토피나 천식, 비염 등의 알레르기 질환은 점점 더 늘고 있습니다. 전문가들은 현대인의 면역력 저하를 우려하는데, 주요 원인으로 현대화된 먹거리가 자주 거론됩니다. 이것은 어쩌면 더 편리한 세상을 만들기 위해 인간이 그동안 취해 온 온갖 것들에 대한 값비싼 대가일지도 모릅니다.

추억의 간식 '아이스케키'와 '가루 주스'

냉장고 없이 어린 시절을 보낸 할머니 할아버지 세대에서 '아이스케키'는 추억의 간식이다. 지금은 '하드'라고 불리는 막대 아이스크림을 부르던 말이었다. 이름만 보면 일본에서 만들어진 것 같지만, 사실 아이스케키의 원조는 미국의 '아이스 캔디'이다. 1905년, 미국에 살던 11살 소년 프랭크 에퍼슨(Frank Epperson)은 파우더 소다를 탄 물에 나무 막대기를 넣어 놓고 깜빡 잠이 들었는데 아침에 일어나 보니 소다가 추운 날씨에 꽁꽁 얼어버려 막대 달린 얼음과자가 된 것이다! 이처럼 믿거나 말거나 같은 탄생 이야기와 함께 등장한 얼음과자는 '언 과자'란 뜻의 엡시클(Epsicle)로 불리다 후에 팝시클(Popsicle)로 이름이 바뀌었다.

1930년대에 일본과 우리나라에서도 유행하기 시작했지만, 일본이 제국주의 전쟁을 시작하면서 설탕이 부족해지고 식품 위생도 나빠지는 바람에 아이스케키에 대해 규제를 시작했고, 아이스케키 열풍도 누그러졌다. 그러다가 다시 아이스케키가 유행한 것은 6 · 25 전쟁 이후였다. 서울을 비롯한 대도시와 중소도시에는 암모니아로 냉동시킨 아이스케키 가게가 부쩍 늘었다. 이때는 골목마다 아이스케키 통을 메고 큰 소리로 "아이스케키!"를 외치는 소년들을 흔히 볼 수 있었다고 한다. 한국전쟁 이후 가난한 전쟁고아들이 생계를 위해 아이스케키 장사를 주로 했던 것이다. 우리나라 아이스케키 전성기는 1960년대로, 당시 인구 250만 명 정도였던 서울에만 얼음과자 집이 293개(1961년 9월 11일 자, 동아일보)나 있었다고 한다. 1960년대 말, 아이스케키에 사용되는 나무 막대 때문에 산림이 훼손된다고 판단한 산림청에서 아이스케키에 목재 사용을 금지하는 행정규칙을 계획해야 할 만큼 인기가 뜨거웠다. 1962년이 되면서 아이스케키는 '하드'로 이름이 바뀌었다. 소프트아이스크림과 구분하기 위해 단단한 아이스크림이라는 뜻으로 생긴 말이다. 하지만 1967년 아이스크림의 대량생산과 함께 아이스케키는 왕좌에서 물러나 추억 속으로 사라졌다.

또 하나 빼놓을 수 없는 추억의 간식이 가루주스다. 1970년대, 가정용 냉장고가 보급되기 시작하면서 이런저런 새로운 풍경이 등장했다. '가루주스'도 그런 것들 중 하나였다. 당시 집에 손님이 찾아오면 오렌지 맛 가루를 얼음물에 타서 대접하는 것이 유행이었다. 또 가정에서 아이들을 위한 간식으로 가루를 물에 녹여 틀에 넣고 얼린 '아이스바'도 한때 크게 유행했다. 하지만 이 또한 유지방이 듬뿍 든 맛있는 아이스크림들이 속속 등장하면서 점차 시들해졌다.

02 냉장고의 정신

냉장고, 자연법칙을 거스르다

냉장고가 발명되기 전까지는 주로 자연의 원리, 시간의 흐름에 순응하는 방식으로 음식을 저장해왔다는 점을 살펴보았습니다. 하지만 냉장고의 등장과 함께 상황은 완전히 달라지고 맙니다. 냉장고의 가장 획기적인 점은 차가운 온도를 일정하게 유지하여 음식의 부패를 최대한 늦출 수 있다는 것이었습니다. 그래서 처음에 냉장고가 등장했을 때는 냉장고 덕분에 앞으로는 상해서 아깝게 버려지는 음식물 쓰레기를 최대한 줄여줄 거라는 기대가 높았죠. 우리네 잔치 음식에 자주 올라오는 메뉴인 잡채나 나물무침 같은 것들을 생각해봅시다. 이런 음식을 무더운 날 실온에서 보관한다면 얼마 지나지 않아 곧 상해버리고 맙니다. 하지만 냉장고에 넣어두면 며칠 정도는 거뜬히 보관할 수 있고, 만약 얼린다면 훨씬 더 오래 보관할 수 있습니다.

향신료와 소금에 의존했던 시절

우리는 냉장고에 음식을 오래 보관할 수 있지만, 냉장고에만 의존하는 것은 아닙니다. 예컨대 마트에서 볼 수 있는 다양한 가공식품들은 좀 더 오랜 시간 보관할 수 있도록 방부제가 첨가된 것들이 많습니다. 이처럼 지금은 음식의 부패를 방지하는 다양한 종류의 인공 방부제가 개발되어 사용되고 있죠. 하지만 냉장고도 인공 방부제도 없던 옛날에는 부패를 방지하기가 더더욱 쉽지 않았을 것입니다. 이때 소금과 향신료가 부패 방지 및 음식의 풍미를 높이는 역할을 했죠. 특히 15세기 유럽에서 후추 같은 향신료는 황금만큼 귀한 물건으로 여겨지며 비싼 값에 거래되었습니다.

중세 유럽인이 먹던 음식들을 살펴보면 향신료가 왜 비싸게 거래되었는지 알 수 있습니다. 당시 유럽에서는 대부분 주식으로 곡물 죽이나 빵, 고기를 먹으며 생활했습니다. 과일, 채소처럼 쉽게 상하는 식자재를 오래 보관하기 어려웠기 때문입니다. 고기도 오래 보관하려면 많은 양의 소금에 절여야 했기 때문에 질기고 맛이 없었죠. 이런 고기에 향신료를 쓰면 특유의 잡내를 줄이고 풍부한 맛까지 낼 수 있기 때문에 향신료의 인기가 높았던 것입니다. 유럽인 사이에서 향신료를 둘러싼 경쟁은 점차 뜨거워졌고, 이는 1400년에 이르러 대항해시대로 이어집니다.

대항해시대의 유럽은 세계 곳곳을 누비며 식민지 쟁탈전을 벌였습니다. 정복과 점령을 통해 향신료를 포함한 필요한 자원들을 싼값에 확보하기 위해서였죠. 특히 지중해를 장악하고 있던 베네치아 공화국을 피해 아프리카 남단 항로를 개척한 포르투갈, 서인도를 찾아 헤매다 아메리카 대륙을 발견한 콜럼버스 등 이들의 행보는 모두 고가의 향신료를 확보하기 위해 떠난 항해였습니다. 만약 냉장고가 발명되지 않았다면 아마 향신료 무역은 지금까지 계속되지 않았을까요? 아니, 우리 인간은 분명 향신료 따위에 만족하지 못하고, 어떻게든 결국 냉장고를 발명했을 것 같군요. 아무튼 냉장고 덕에 후추, 정향, 육두구 같은 향신료가 방부제로 쓰이지 않게 되며 향신료 무역의 역사도 막을 내렸습니다.

인공 냉장장치, 시간의 흐름을 멈추다

∘ ∘ ∘

과거 신선한 채소나 과일, 어류나 육류 등의 농축수산물은 생산 이후 보관과 운송 과정에 큰 어려움이 있었습니다. 신선도를 오래 유지하기 어려웠기 때문이죠. 하지만 냉장고의 탄생은 보관과 장거리 이동의 문제를 시원하게 해결했습니다. 교통수단의 발달과 함께 영국의 산업혁명에서 비롯된 철도 기술이 세계로 퍼져 나가며 서유럽과 아메리카 대륙 사이를 빠르게 연결해주었지만, 냉장 유통이라는 혁신이 없었다면 오늘날과 같은 글로벌 축산물 유통은 실현되기 어려웠을 것입니다. 실온에서는 시간의 흐름에 따라 먹거리가 부패되는 것이 자연의 순리인데, 냉장고가 이를 막아주었으니 냉장고가 시간의 흐름마저 멈추게 한 셈이죠.

최초의 인공 냉장장치가 등장한 것은 1748년이었습니다. 영국 글래스고우대학교(University of Glasgow)의 윌리엄 컬런(William Cullen) 교수는 알코올의 일종인 에틸에테르의 기화를 이용해 인공적으로 물을 얼리는 데 성공했죠. 그러나 아쉽게도 그의 아이디어는 더 이상 발전하지 못했습니다. 그러다가 1834년, 영국의 발명가 제이콥 퍼킨스(Jacob Perkins)가 이 기술을 활용해 냉장고를 만들어냈습니다. 이때부터 우리는 인공적으로 만들어진 얼음을 사용할 수 있게 되었죠. 퍼킨스는 압축시킨 에테르가 냉각 효과를 내며 증발했다가 다시 응축하는 원리를 이용했는데, 지금의 가정용 냉장고에 사용되는 프레온가스 냉매와 비슷한 방식이었습니다.[1] 1859년 전후에는 프랑스 엔지니어 페르디난드 카레(Ferdinand Carre)가 현재와 같은 방식으로 냉매를 순환시키는 압축냉동 시스템과 흡수냉동기를 발명했죠. 이 시스템은 산업계에 널리 사용되었으며, 1877년 아르헨티나에서 최초로 냉동육을 운반하는 선박에 사용되었습니다. 이처럼 현대적인 냉장 기술은 맥주 제조나 식품 업계에서 먼저 도입해 사용하기 시작했죠.

1. 냉장고가 차가움을 유지하는 과학 원리는 이후 4장에서 좀 더 자세히 살펴볼 것이다.

냉장 보관된 음식에 대한 낮은 신뢰를 극복하다

∘∘∘

인위적으로 시간의 흐름을 멈추는 냉장장치의 탄생은 대단히 획기적이었습니다. 하지만 너무 획기적인 나머지 사람들은 처음에 냉장고의 능력을 쉽게 믿기 어려웠습니다. 마치 마법처럼 여겨진 거죠. 그래서 당시 사람들은 냉장고를 의심했고, 이는 불신으로 이어졌습니다. 새로운 기술에 대한 불신은 냉장고에 저장된 식품에 대한 낮은 신뢰도로 이어졌습니다. 1880년 프랑스 파리에서 청과물 도매상 오메르 다쿠기스(Omer Decugis)가 냉장고에 저장한 과일과 채소를 팔았다가 사람들의 분노를 사자 냉장고를 거리로 들고 나와 부숴 버린 일화는 꽤 유명합니다. 미국에서도 상황은 비슷했습니다. 1898년경, 미국에서는 쿠바에서 발생한 자국과 스페인 간의 전투를 돕기 위해 쿠바로 고기를 수송했습니다. 시카고에서 포장된 고기는 냉장 열차로 대륙을 횡단하고, 뉴욕에서 다시 냉장 처리되어 화물선에 실린 뒤 카리브해로 향했죠. 그러나 냉장 저장 시설이 없었던 쿠바에 도착한 고기는 먹을 수 없을 정도로 상해버린 뒤 미군에게 보급되었습니다. 이 사건으로 미국인 사이에서도 냉장 식품에 대한 불신이 가득해졌습니다.

그럼에도 불구하고 냉장 기술을 더 발전시키고 이를 산업에 적용하려는 노력은 계속되었죠. 특히 소고기 수출에 욕심이 있었던 정육 기업들은 도저히 이 놀라운 기술을 외면할 수 없었습니다.

당시 유럽인의 주식인 소고기는 아메리카와 오스트레일리아에서 아주 저렴한 가격에 많은 양이 생산되고 있었습니다. 이 두 지역은 1820년과 1930년 사이에 유럽 전체 인구의 약 1/5에 해당하는 5천만 이상의 유럽인이 이주한 곳이었습니다. 이때 이주민이 데려온 말과 소가 엄청나게 불어나 소고기 가격이 아주 저렴해질 수 있었죠. 사실 이전에도 식민지의 값싼 소고기를 유럽에 수출하려는 시도가 있었지만, 냉장 기술이 부족하여 고기가 상하는 문제가 자주 발생했습니다. 하지만 이제 냉장 설비가 있는 배를 이용해 안전하게 유럽으로 소고기를 수출할 수 있게 되었으니, 정육 기업에겐 그야말로 떼돈을 벌 절호의 기회였던 것입니다.

1880년대에 들어 냉장 산업이 시작되자, 식품 산업은 냉장 체인을 소유한 기업이 장악하게 되었습니다. 미국 시카고의 구스타프스위프트(Gustavus Swift)가 그 대표적인 예입니다. 그는 광활한 미국 서부에 방목해 키운 소를 시카고에서 도축하고, 도축한 고기는 드라이아이스로 냉장한 철도에 실어 동부 지역으로 운송하기 시작했습니다. 또한 유럽에 소고기를 대량 수출하기 위해 컨베이어벨트를 설치한 대규모 도축공장을 설립했습니다. 여기에 냉장 열차 개발과 지사 설립을 통해 냉장 소고기 가공과 도매 유통의 혁신을 이뤄냈죠. 그러자 후발 기업까지 적극 가세하며 1890년대, 식육 산업의 문이 활짝 열렸습니다. 그 결과, 시카고는 미국 육류 생산의 중심지가 되었고, 1880년대 영국이 수입하는 소고기의

#열일하는_#냉장고_#지구촌_#구석구석을_누비다!_#콜드체인#음식_네트워크

90%를 미국산이 차지하게 되었습니다. 냉장고가 대륙의 경계를 넘어 세계를 하나의 음식 네트워크로 연결한 거죠.

냉장고, 먹거리의 세계화를 주도하다

∘∘∘

1920년대에 미국의 제너럴일렉트릭(General Electric)사에서 프레온(Freon)가스라는 새로운 냉매를 사용하면서 드디어 가정용 냉장고의 대중화 시대가 열렸습니다. 이는 미국 가정의 식생활에 큰 변화를 가져왔죠. 육류를 오래 보관할 수 있을 뿐 아니라, 부위별로 구매할 수 있게 되었고, 여기에 가스레인지가 보급되면서 스테이크가 가장 인기 있는 고기 요리로 떠올랐습니다. 언제든 냉장고에서 고기를 꺼내서 굽기만 하면 쉽게 요리할 수 있게 되었으니까요.

또 냉장고가 등장하기 전엔 먹거리의 생산지와 시장의 거리는 가까울 수밖에 없었죠. 그러나 부패를 늦춰주는 냉장고가 출현하면서 생산지와 시장의 거리가 빠르게 멀어지기 시작했습니다. 또한 대량으로 식품을 저장해둘 수 있어 식품 공급도 안정적으로 변해갔죠. 덕분에 이제 우리는 바다에서 멀리 떨어진 지역에 살면서도 언제든 신선한 해산물을 먹을 수 있게 되었습니다. 또 아이들은 달콤한 아이스크림이나 시원한 음료수를 쉽게 사먹을 수 있게 되었죠. 바나나, 파인애플, 키위 같은 열대과일도 이제 흔한 과일이 되었습니다.

바야흐로 먹거리의 세계화 시대가 열린 것입니다. 하늘과 바다에는 냉장 시설을 갖춘 항공기와 선박이 쉴 새 없이 움직이고, 도로에는 냉동 트럭들이 부지런히 달리고 있습니다. 또 도시 곳곳에는 냉장 시설을 갖춘 대형마트가 들어섰고, 냉장고를 갖춘 편의점 또한 실핏줄처럼 빼곡하게 들어차 있습니다.

푸드마일

푸드마일이란 농산물 등 식재료가 생산지에서 소비자의 밥상 위에 오르기까지의 소요되는 거리를 말한다. 1994년 영국의 소비자운동가 팀 랭(Tim Lang)이 발표한 〈식료품 장거리 수송은 인류의 재앙〉이라는 보고서에서 비롯되었다. 푸드마일이 길어질수록 운송기관에 사용되는 연료와 이것들이 내뿜게 되는 배기가스로 인한 환경오염은 물론, 농약이나 보존제, 첨가제 등의 양 또한 증가하여 소비자의 건강 위협도가 높아질 수밖에 없다. 또한 생산자와 소비자 간의 관계성도 희박해져 소비자가 얻을 수 있는 식재료에 관한 정보 또한 자연히 줄어든다. 특히 푸드마일은 국가의 식량자급 수준이 낮은 나라나 농산물 시장의 개방 정도가 큰 나라일수록 급격히 증가하는 경향을 보인다고 한다.[2]

2. 《시사상식사전》, 박문각. 참조

03 음식 세계화

글로벌 식자재, 밥상에 활기를 불어넣다

아마 여러분 중에도 집에 돌아오기 무섭게 냉장고 문부터 열어보는 사람이 있지 않나요? 한창 성장기에는 어쩐지 먹고 돌아서기 무섭게 허기가 지는 것 같습니다. 꼭 배가 고프지 않아도 습관적으로 냉장고 문을 열고 '뭐 맛있는 것 좀 없나…?' 하며 살펴보기도 합니다. 지금 냉장고 문을 연다고 상상해 봅시다. 무엇을 꺼내고 싶은가요? 땀을 흠뻑 흘려 목이 마르면 시원한 생수나 이온음료를 꺼내 마실 겁니다. 새콤달콤한 것이 먹고 싶은가요? 그럼 과일이나 아이스크림, 주스를 꺼내도 좋겠죠! 마침 출출하다면 고기와 생선, 나아가 각종 냉동식품이 냉기를 뿜으며 여러분의 선택을 기다리고 있을 것입니다.

냉장고 깊숙한 곳에는 호주나 미국에서 자란 소고기나 알래스카에서 잡은 연어도 찾을 수 있을지 모릅니다. 과일 칸에도 세계 각국에서 온 다채로운 과일들이 알록달록한 자태를 뽐내고 있겠군요. 간식거리로 넣어둔 냉동 핫도그나 돈가스도 냉동실 한편에 자리하고 있을 것입니다.

사계절이 공존하고 육해공을 넘나들며 세계의 먹거리가 한데 모여 있는 오늘날의 냉장고. 우리나라 일반 가정의 냉장고 속에는 평균 34종의 음식물이 보관되어 있다고 합니다. 참 다양하기도 하죠? 이렇듯 온갖 먹거리를 가정집에서 흔하게 볼 수 있게 된 데는 뭐니 뭐니 해도 냉장고의 역할이 지대합니다. 하지만 지금과 달리 옛날 우리의 밥상 위 식자재는 그리 다양하지 않았습니다. 그래서 예로부터 우리네 밥상을 책임져온 전통 먹거리들부터 최근까지의 변화를 한번 살펴보기로 합시다.

한국인은 역시 밥심이지

우리나라 전통음식은 우리 땅에서 나고 자란 재료로 만들었습니다. 우리나라는 농경문화가 발달했기 때문에 곡물을 사용한 음식이 많습니다. 곡물은 가공이 간단하고 실온에서 비교적 오래 보관할 수 있으며, 조리도 편리합니다. 그래서 우리 주식은 쌀로 지은 쌀밥과 조, 보리, 콩, 팥과 같은 잡곡을 섞은 잡곡밥을 기본으로 합니다. 밥을 주식으로 국이나 찌개, 김치와 장류, 육류, 어패류, 채소류, 해조류 등으로 반찬을 만들어 먹는 형태로 발전해왔죠. 이는 중국에서 채소와 육류 요리를 먼저 먹고, 나중에 밥이나 면으로 마무리하는 식생활과 아주 대조적입니다. 또 목축업이 발달해 밀과 육류를 주식으로 해온 서양의 식문화와도 뚜렷한 차이가 있었죠. 조선시대까지 가장 가치 있는 식자재는 역시 쌀과 소금이었습니다. 심지어 쌀은 돈과 같은 값어치를 가지고 있어 세금을 대신하기도 했죠. 우리나라에서 쌀을 주식으로 삼은 것은 통일신라 시대부터라고 전해집니다.

원래 우리나라의 벼는 기후에 맞춰 추위에 강하고 빗물로도 잘 자라도록 개량되었습니다. 하지만 생산량이 적다 보니 쌀 부족은

벼

쌀은 오랜 시간 우리의 밥상을 책임져온 주식의 역할을 해왔다. 최근 쌀 소비가 감소세라고 하지만, 여전히 우리의 주식으로 큰 비중을 차지하고 있다.

늘 골칫거리였죠. 거의 1970년대 초까지도 쌀 부족은 정부의 가장 큰 숙제거리의 하나였습니다. 그때는 외화도 부족해 필요한 만큼 쌀을 수입할 수도 없었기 때문에 더욱 큰 문제였죠. 이에 정부는 국민에게 쌀로 막걸리 만드는 것을 금지하고, 쌀에 잡곡을 섞어 먹는 혼식과 밀가루 음식을 먹는 분식을 장려했습니다. 그래서 그 시절에는 교사들이 학생의 도시락을 일일이 검사하고 잡곡을 적게 섞어오면 혼을 내기도 했죠.

우리나라의 쌀 부족을 해결한 사람은 서울대학교 농과대학의 허문회 교수인데, 벼 품종개량을 통해 쌀 부족을 해결했습니다. 1개의 자포니카 벼와 2개의 인디카 벼를 교배해 생산량이 높은 '통일벼'를 개발한 것입니다. 1972년부터 통일벼가 농가에 보급되었고, 1976년 드디어 식량 자급자족이 이루어졌습니다.

그러나 요즘은 오히려 쌀이 남아돌아서 큰 문제가 되고 있습니다. 쌀 소비량이 너무 줄어 농가가 어려워지다 보니, 다양한 형태의 쌀 소비 운동까지 벌어지고 있죠. 쌀 소비가 줄어드는 이유는 빵이나 국수 같은 밀가루 식품 소비가 상대적으로 늘어났기 때문도 있지만, 우리의 생활방식이 변하고 있는 것을 가장 큰 원인으로 꼽을 수 있습니다. 경쟁이 심해지고 노동이 많아질수록 여유있게 식사를 즐길 시간이 부족해지기 때문에 패스트푸드나 인스턴트 음식 등 간편식 소비가 늘어납니다. 여기에 쌀밥과 같은 탄수화물이 비만, 당뇨, 고혈압 등 성인병의 주범이라는 오해와 잘

못된 인식까지 퍼지면서 쌀 소비량 감소에 기여한 거죠. 하지만 영양학계에서는 오히려 현미처럼 도정을 줄인 쌀은 소화 흡수가 느려 혈당의 급격한 상승을 막아줄 뿐만 아니라, 비만과 당뇨 같은 각종 성인병 예방에도 효과적이라고 밝힌 바 있습니다.

'하얀 황금'이라 불린 소금의 역사

○ ○ ○

쌀과 함께 소금은 동서양을 막론하고 중요한 식자재였습니다. 소금이 너무 귀한 나머지, 유럽에서는 하얀 황금이라고 부를 정도였

소금
동서양을 막론하고 소금은 예로부터 귀한 식자재의 하나로 꼽혔다. 음식의 맛을 내는 용도는 물론 냉장고가 없던 시절에 음식물을 오래 저장하는 데 있어서도 중요한 역할을 해왔다.

죠. 중국에서도 국가가 소금 생산을 독점했고, 국가 운영 자금의 많은 부분은 소금을 팔아 거두었습니다. 우리 식탁에서도 소금은 없어선 안 될 중요한 존재였습니다. 《고려사》에 따르면 고려는 소금과 관련한 법 규정이 있었으며, 서경(西京, 고려시대 평양을 지칭)에 소금을 관리하는 관아를 만들어 국가가 직접 생산과 판매를 관리할 만큼 소금은 고려의 중요한 수입원이었습니다.

조선시대까지 소금은 주로 바닷물을 솥에 끓여 만들었다고 합니다. 이런 방식으로 만들어진 소금을 '자염(煮鹽)'이라고 하죠. 아궁이에 불을 지펴 솥에 끓여서 만드는 만큼, 땔감도 많이 드는 방식이었는데, 자염의 위상은 근대 중국의 값싼 '천일염'이 수입되면서 흔들립니다. 천일염은 태양열로 바닷물을 건조하여 만들기 때문에 조수간만의 차이가 큰 바다여야 하고, 넓은 염전이 필요합니다. 중국은 우리와 서해를 공유하고 있고, 일찍부터 천일염을 생산해온 덕에 비교적 싼값에 소금을 많이 만들 수 있었습니다. 상대적으로 저렴한 중국산 천일염이 들어오자, 조선의 값비싼 자염은 자연히 잘 팔리지 않았죠.

우리와 유사한 방식으로 자염을 만들어온 제국주의 일본은 조선의 해안을 이용해 천일염을 만들고자 했습니다. 그래서 1907년 일제강점기에 인천 주안과 평안도 광양만 일대에 천일염을 만들 수 있는 염장을 건설했죠. 이후 우리의 전통 소금 제조법인 자염은 서서히 사라지고 천일염전의 규모가 커졌고, 1910년 말에는 약

1억 근에 가까운 천일염이 생산되기 시작했습니다.

특히나 냉장고나 냉동고가 없던 시절엔 소금의 역할이 더욱 중요했습니다. 소금에 푹 절이면 식품을 오래 보관할 수 있었으니까요. 특히 소금은 생선이나 채소의 부패 방지에 요긴하게 쓰였습니다. 소금을 사용한 대표적인 음식으로 절임 배추를 사용하는 김치와 간고등어 등을 꼽을 수 있는데, 지금도 여전히 사랑받고 있죠. 또 소금을 사용해서 만든 젓갈도 식품을 오래 보관하기 위한 방식으로 시작되었는데, 지금은 짠 음식이 위암을 일으킨다고 하여 조심하기는 하지만, 여전히 우리나라 사람들이 좋아하는 음식으로 굳건히 자리하고 있습니다.

끊을 수 없는 설탕의 달콤한 유혹

근대 이후 우리 음식문화가 크게 변화된 것에는 해외의 식자재 유입이 큰 몫을 차지합니다. 그중 설탕과 밀가루의 수입은 우리 식생활에 커다란 변화를 가져왔습니다. 특히 설탕은 근대 이전까지 주로 중국을 통해 소량만 수입되던 귀한 식재료였습니다. 설탕은 사탕수수의 줄기나 사탕무를 통해 만들어집니다. 다만 사탕수수를 재배하고, 추수 후 압착해서 설탕을 정제하기까지의 전 과정은 실로 엄청난 노동력을 필요로 하기 때문에 18세기 이전까지 설탕

설탕

지금은 설탕이 흔하고 값도 저렴한 편이지만, 한때 얼음과 마찬가지로 소수의 특권층만이 누릴 수 있는 전유물이었다.

은 소수의 상류층만 즐길 수 있는 귀하디 귀한 물건이었죠. 마치 얼음처럼 특권층의 전유물 같은 것이었습니다.

이후 신대륙을 정복한 유럽인은 서인도제도와 브라질 등에 사탕수수를 심고 아프리카인을 노예로 삼아 설탕을 생산했습니다. 노예들의 노동력을 착취해 생산한 설탕은 유럽에 엄청난 부를 안겨주었고, 그렇게 만들어진 설탕이 중국을 통해 조선에도 전해지게 된 거죠. 이전까지 조선시대에는 단맛을 낼 때, 꿀 아니면 곡식을 엿기름으로 삭혀서 조린 조청 등을 사용했습니다. 하지만 끼니를 때울 곡식도 부족한 마당에 단맛을 내기 위해 조청을 쓴다는 건 대단한 사치였죠. 꿀 또한 생산량이 워낙 적었기 때문에 당시만 해도 단맛은 아주 귀할 수밖에 없었습니다. 1905년, 러일전쟁 후 한반도의 지배권을 장악한 일본은 대만에서 재배한 사탕수수를 활용해 설탕을 만들고 이를 조선에 판매했습니다. 그러다가 일제강점기인 1921년, 평안남도에 일본 제당 주식회사의 조선지점이 설립됐습니다. 이 조선지점에서 일제강점기 내내 한반도의 설탕 대부분을 공급했고, 원료는 주로 대만에서 수입한 사탕수수였죠.

중독을 부르는 단맛

설탕은 일제강점기 시대 지식인의 어두운 일면을 보여주기도 한다. 당시 상류층이었던 지식인들은 설탕을 많이 소비할수록 우월한 문명이라는 일명 '설탕 문명화담론'을 비판 없이 수용하기 시작했다. 그들은 백설탕이 문명과 위상의 상징이자 '영양의 보고'라고 말하며 설탕 소비를 권장했다. 덕분에 설탕이 들어간 과자, 아이스케키 같은 식품이 크게 유행했다. 그러나 2차 세계대전으로 물자가 부족해지자, 지식인들은 설탕 소비를 줄이기 위해 정반대되는 주장을 내세우기 시작했다. 설탕이 혈액을 산성으로 만들어 인체에 유해하며 면역력을 떨어뜨리고, 뼈를 약하게 하고, 충치가 생기게 하는 해로운 식품이라고 비판한 것이다. 하지만 이미 단맛에 중독된 사람들은 이런 비판 속에서도 설탕 소비를 쉽게 줄일 수 없었다.

설탕이 흔해지자 설탕을 넣은 조리법들도 많이 등장하게 되었습니다. 예컨대 나박김치를 담글 때 무를 소금과 함께 설탕으로 절인다거나, 떡에도 설탕을 많이 넣게 되었으며, 심지어 북어장아찌나 자반에도 설탕을 넣는 조리법이 생겨났죠. 또 1931년 7월 18일자 《동아일보》에는 수박화채를 만들 때 꿀을 사용한다고 소개했지만, 1943년에 출간된 조자호의 《조선요리법(朝鮮料理法)》에서 소개한 수박화채에는 수박, 설탕, 얼음이 들어간다고 쓰여 있는 점에서 설탕 사용의 증가를 확인할 수 있습니다. 이런 일화에서 알 수 있듯, 우리는 일제강점기부터 설탕을 받아들였고, 이후 설탕은 일반적인 감미료로 우리 일상에 빠르게 스며들었죠.

해방 후에도 단맛의 인기는 여전했습니다. 1946년 38톤에 불과하던 설탕 수입량은 1953년에 이르러 무려 630배에 가까운 2만 3,900톤을 기록했습니다. 국민 1인당 설탕 소비량도 1950년 100그램 미만에서 1953년 984그램으로 늘어났죠. 전쟁 후 주한미군을 통해 초콜릿과 같은 기호식품이 전파된 데다, 다방(茶房) 문화가 널리 퍼지면서 설탕 시장도 빠르게 성장했습니다. 한반도의 유일한 정제당 공장이 평양에 있던 탓에 분단 이후 주로 미국의 원조로 설탕이 유입되었고, 이는 미국의 설탕 무역체제에 편입하는 계기가 되었죠. 이후 정부는 많은 설탕 소비로 인한 무역적자를 줄이기 위해, 국내 제당업자들에게 설탕 제조에 필요한 원료 수입 독점자격을 주고 환율을 우대하는 등 제당산업을 지원했습니다.

주식에 변화를 가져온 밀가루

。。。

설탕과 함께 밀가루도 우리의 식문화에 큰 변화를 가져왔습니다. 밀가루는 밀을 제분하여 만듭니다. 밀은 고려나 조선에서도 재배했지만, 워낙 생산량이 적어 귀했습니다. 밀로 만든 국수는 임금님이 사는 궁궐에서도 특별한 날에나 먹을 수 있었고, 상류층도 결혼식과 제사, 환갑 등의 연회에서나 상에 올렸죠.

특권층의 먹거리였던 밀가루가 평범한 우리네 일상으로 들어오게 된 것은 근대 개항기(開港期)[3]부터입니다. 이 시기에 중국인들이 한국에 이주해오면서 밀가루 음식이 많이 소개되었는데, 그중 대표적인 것이 바로 빵입니다. 빵은 밀가루에 물과 소금, 효모 등을 넣어 반죽한 뒤 굽거나 찐 음식을 말하죠. 중동이나 이집트에서는 아주 오랜 옛날부터 빵을 만들어 먹었고, 유럽인들에겐 주식이기도 합니다. 중국에서도 역시 밀이 많이 나는 지역에서는 오래전부터 빵을 만들어 먹었죠.

개항기 우리나라에서는 중국 빵의 일종인 호떡이 유행했습니다. 호떡은 일제강점기 시절, 국민 간식 겸 끼니를 해결할 수 있는 음식이었습니다. 당시 호떡 장수의 대부분은 임오군란 때 조선으로 건너온 중국인들이었습니다. 호떡의 뒤를 이어 일본인이 개량

3. 우리나라가 서구 자본주의 국가의 요구로 문호를 개방하여 외국과 통상을 시작했던 시기로 19세기 후반에서 20세기 초를 이르던 말.

한 유럽식 빵도 조선에 들어왔는데, 일본은 메이지유신 이후 외국인이 경영하는 빵 가게를 통해 빵을 접하게 되었죠. 이후 일본인이 직접 빵을 만들기 시작하면서 우리나라도 빵을 먹는 문화가 조금씩 자리를 잡게 되었습니다.

대표적인 일본식 빵으로는 건빵과 단팥빵을 꼽을 수 있습니다. 우리나라 군대에서 건빵을 보급하듯, 건빵의 시초는 일본군의 군용 식품이었습니다. 맥주 이스트로 밀가루 반죽을 발효시켜 만든 건빵은 보존과 휴대가 간편하도록 작은 사각형으로 구웠죠. 건빵의 상징인 두 개의 구멍은 구울 때 터지지 않도록 뚫은 것입니다. 한편 단팥빵은 긴자에 위치한 '기무라야(銀座木村屋)'라는 빵집에서 시작되었는데, 이 빵집의 창업자인 기무라 야스베에(木村安兵衛)는 일본인의 입맛에 맞는 빵을 만들고자 했습니다. 일본인의 기호에 맞춰 일본 술을 만들 때 쓰는 미감자(술종)로 만든 빵 반죽에 팥고물을 싸서 구워내면서 달콤한 단팥빵의 역사가 시작되었습니다. 이후 일본인 사이에선 팥빵, 크림빵, 양과자 등이 퍼져 나갔죠. 우리나라에 현존하는 가장 오래된 빵집은 군산의 '이성당'이라는 곳인데, 이 집의 대표 메뉴도 단팥빵입니다. 군산에 가면 누구나 단팥빵을 사기 위해 이성당 앞에 줄을 섭니다. 이성당 본점 자리에는 원래 일본인이 운영하던 '이즈모야(出雲屋)'라는 빵집이 있었습니다. 이즈모야 창업주의 아들인 히로세 켄이치는 도쿄에서 크림빵, 단팥빵, 케이크 같은 양과자 기술을 배워 와 우리나라 군산에 빵집을 냈던 것입니다. 태평양 전쟁 패전 후 이즈모야도 문을 닫았는데, 이때 이성당 창업자가 이 건물을 사들인 뒤, 일본 제과점에서 제과 기술을 배운 종업원을 고용해 단팥빵, 버터빵, 케이크 등 서양 빵을 팔면서 지금까지 이어져 오고 있죠. 바쁜 일상에 쫓기며 토스트와 샌드위치로 끼니를 때우는 모습은 이제 우리의 평범한 일상 풍경이 되었습니다. 비록 우리 전통음식은 아니지만 서구에서 시작해 중국, 일본을 거쳐 어느새 우리 식생활에 스며든 빵은 우리나라의 굴곡진 근대사와 떼려야 뗄 수 없습니다.

밀가루로 만든 또 다른 대표적인 음식으로 수제비가 있습니다. 수제비는 한국전쟁 이후 구호물자로 밀가루가 많이 들어오면서 가난한 사람의 일상식이 되었죠. 물론 조선시대에도 수제비와 유사한 음식이 있었습니다. 《조선무쌍신식요리제법(朝鮮無雙新式料理製法)》에 기록된 운두병(雲頭餠)이 그 주인공입니다. 이 책에 기록된 운두병의 조리법은 다음과 같습니다. 먼저 밀가루에 다진 고기와 파, 장, 기름, 후춧가루, 계핏가루 등을 넣고 되직하게 반죽합니다. 그리고 닭을 삶아낸 육수에 반죽을 숟가락으로 떠 넣어 익힌 다음 그릇에 담아 닭고기를 얹어 완성합니다. 사실 이때까지만 해도 수제비는 양반가의 음식이었습니다. 앞서도 얘기했지만, 밀가루가 워낙 귀했기 때문이죠. 서민들은 구하기 쉬운 재료로 밀가루를 대체해 수제비를 만들기도 했죠. 대표적으로 감자옹심이를 넣은 강원도 수제비나 메밀가루 반죽과 미역을 같이 끓인 제주도

메밀 저배기 등이 있습니다. 양반가 음식이던 밀가루 수제비는 한국전쟁 이후 밀가루가 구호물자로 유입되면서 서민들의 소울푸드로 거듭난 셈이죠. 호원숙 작가의 소설 《엄마는 아직도 여전히》에서 1970년대 후반에 수제비가 우리나라 서민에게 얼마나 친숙하고 대중적인 음식이었는지 묘사되어 있습니다.

> "수제비 반죽을 해 놓았으니 떠먹어라. 수제비 뜨는 법은 먼저 국이 팔팔 끓거든 손으로 얄팍얄팍 떠 넣는데, 찬물을 한 공기 마련해 놓고 손에 물을 묻혀가며 뜨면 반죽이 손에 묻지 않는다. 다 뜨거든 국자로 한 번 저어서 서로 붙지 않게 하고 뚜껑 덮어서 한번 끓여라. 곧 먹을 수 있다."[4]

이 내용은 호원숙 작가의 어머니이자 한국 근현대문학사에 족적을 남긴 고 박완서 작가가 딸에게 남긴 메모입니다. 자상한 엄마의 모습이 머릿속에 절로 떠오릅니다. 호원숙 작가에게 수제비는 따뜻한 기억이자 추억이 되었던 것입니다. 젊은이들에겐 레트로(Retro) 문화의 유행을 타고 SNS에 올리는 조금 낯선 음식이 된 수제비. 그러나 이 수제비 한 그릇엔 모두가 어려웠던 지난 시절 배고픔을 해결해주던, 따뜻한 추억이 가득 배어 있습니다.

---

4. 황인찬, 〈영인문학관 '박완서 1주기전' 내달 유품 200여점 전시〉, 《동아일보》, 2012.04.23

음식 세계화의 빛과 그림자

◦ ◦ ◦

1876년, 조선의 문호 개방과 함께 본격적으로 우리 음식에도 큰 변화가 찾아왔습니다. 맥주나 청주, 사이다, 빵, 과자처럼 기존에 없던 식자재나 음식들이 많이 들어온 것입니다. 또 국수나 만두처럼 과거에는 귀해서 접하기 어려웠던 것들이 흔히 먹을 수 있는 친근한 먹거리가 되기도 했습니다. 이렇게 우리 생활 속 음식이 빠르게 변한 것은 자본주의의 시작과 관계가 깊습니다. 문화의 변화는 늘 사회구조의 변화와 함께하니까요.

근대 이후 식자재나 음식은 대부분 공장에서 대량생산 시스템을 통해 생산됩니다. 그리고 이는 농축산물, 수산물도 마찬가지이죠. 농사를 짓기 위해 가족처럼 기르던 소는 이제 고기와 가죽을 얻기 위한 목적으로 대량으로 사육됩니다. 몇 마리씩 소규모로 기르던 돼지나 닭도 마치 공산품을 대량 생산하듯 좁은 공간에 밀집해 사육하게 되었죠. 심지어 더 빠르게 많은 양을 생산하기 위해 초식동물인 소에게 동물성 사료를 먹이기도 합니다. 수산업도 크게 다를 바 없습니다. 조기, 명태, 오징어 등 수출과 판매를 위해 엄청난 양을 막무가내로 잡아들이다 보니, 이제는 점차 씨가 마르고 있지요. 이런 모든 변화는 필요한 만큼 기르고 소비하는 것을 넘어 돈을 벌기 위한 무한경쟁이 가져온 결과입니다. 그리고 이 모든 변화의 중심에 냉장고가 있습니다. 대량으로 생산된 먹거리가 소비자에게 도달할 때까지 신선도를 일정하게 유지해주는 중요한 역할을 하고 있으니까요.

근대를 지나 포스트모던 시대로 접어들면서, 음식문화는 더욱 더 새로운 모습으로 변화했습니다. 가장 두드러진 변화는 음식의 국적이 다양해진 것입니다. 세계화가 진행되면서 여러 지역과 민족의 음식이 우리 일상 속으로 깊숙이 스며들었습니다. 예컨대 남미나 아프리카에서 자생하던 커피가 이제 우리나라 현대인이 밥보다 더 자주 찾는 음료가 되었습니다. 치즈를 듬뿍 올린 피자, 파스타, 햄버거, 프라이드치킨 등은 배달앱에서 손가락 몇 번만 움직이면 집으로 받아볼 수 있는 음식이 되었죠.

음식의 세계화는 비단 식탁 위의 변화만을 의미하지 않습니다. 사회학자 조지 리처(George Ritzer)가 쓴 책, 《맥도날드 그리고 맥도날드화(The McDonaldization of Society)》에서는 맥도날드를 '효율성과 미국화의 상징'이라고 말합니다. 또한 이 맥도날드 문화가 현대사회를 지배하는 것을 '맥도날디제이션(MacDonaldization)'이라 칭했습니다. 맥도날드의 효율적이고 계산적인 운영 방식, 표준화되고 획일화된 서비스와 고용 방식이 사회 전반에 널리 퍼져 나가고 있다는 것입니다. 실제로 우리 사회 곳곳에서 맥도날드가 이익을 극대화하기 위해 활용하는 방식과 매우 유사한 가치관, 행동 등을 자주 발견할 수 있습니다. 조지 리처는 합리성을 추구하는 맥도날드의 원칙이 현대사회에 널리 퍼지면서 각 사회와 문화가 유사해지고 개성이 점차 사라지고 있다고 비판했습니다. 근대 이전 사회가 종교와 미신과 같은 비과학적인 문제로 넘쳐났다면, 현대사회는 합리성이라는 명분을 앞세워 개인의 창의성을 없애고 마치 공장의 부품처럼 인간을 기계화한다는 거죠.

물론 냉장고와 함께 찾아온 먹거리의 세계화나 현대화 등의 변화들은 우리의 밥상을 풍요롭게 하고, 나아가 굶주림을 상당 부분 해결해준 공로가 적지 않습니다. 하지만 한편으로는 새로운 고민거리를 우리에게 안겨줍니다. 예컨대 효율성만 강조하는 비인간화 같은 문제는 앞으로 우리가 해결해야 합니다. 하지만 너무 부정적인 생각만 할 필요는 없습니다. 특히 근대 과학이 우리에게 가져온 긍정적인 변화는 높이 평가해야 마땅합니다. 서울대학교 의과대학 예방의학교실 유근영 교수와 국립암센터 신애선 박사팀은 1983~2007년까지 우리나라 위암 사망률의 변화와 함께 1979년 이후 가정 냉장고 보급률, 1969년 이후 1인당 채소와 과일 섭취량을 종합적으로 분석했습니다. 그 결과, 위암으로 인한 사망률이 1983년 이후로 낮아졌다고 합니다. 연구팀은 그 이유로 냉장고의 보급 덕에 신선한 채소와 과일을 자주 섭취할 수 있게 된 점을 꼽았습니다. 식자재의 신선도는 우리의 건강과 직결됩니다. 또한 냉장고는 우리 밥상에서 염도를 낮춰주었습니다. 음식이 쉽게 상하지 않도록 일부러 더 짜게 만들 필요가 없어졌기 때문입니다. 장을 보고 요리하는 사람에게도 시간적 여유와 편리함을 선물했죠. 빛과 그림자가 공존하는 것처럼 모든 일에는 장단점이 함께합니다. 따라서 지나치게 기술을 신뢰하는 것도 문제이지만, 반대로 기술의 발전을 무작정 부정적으로만 바라보는 자세도 문제입니다. 미래는 우리 인간이 기술을 어떤 태도로 바라보고, 어떻게 활용하는가에 달려 있지 않을까요?

패스트푸드에서 다시 슬로푸드로

근대 이후 효율성 추구와 함께 우리 식탁도 간단한 인스턴트 음식과 대량생산된 식자재가 점령하기 시작했다. 그런데 무작정 생산량을 늘리고 이윤추구에만 몰두하다 보니 초식동물에게 고기 사료를 주고, 식자재의 유전자마저 조작하는 등 인간뿐 아니라 자연 생태계마저 위협하고 있다. 이런 음식문화에 대한 성찰과 함께 새로운 대안으로 떠오른 것이 슬로푸드(slow food) 운동이다. 원래 이 운동의 시작은 이탈리아의 작은 식당과 포도주 생산자를 보호하자는 것이었지만, 초식동물인 소에게 양의 내장을 먹여 생긴 광우병의 여파로 자연식품과 유기농에 대한 관심이 높아지면서 전 세계로 퍼져 나갔다. 슬로푸드의 가치와 내용은 1989년 11월 프랑스에서 발표한 〈슬로푸드 선언문〉에 잘 드러난다.

> 호모 사피엔스라는 이름에 상응하기 위해서 사람은 종이 소멸하는 위험에 처하기 전에 속도로부터 벗어나야 한다. 보편적인 어리석음인 빠른 생활에 반대하는 유일한 방법은 물질적 만족을 고정하는 것이다.

이미 확인된 감각적 즐거움과 느리며 오래가는 기쁨을 적절하게 누리는 것은 효율성에 대한 흥분에 의해 잘못 이끌린 군중에게서 우리가 감염되는 것을 막을 수 있을 것이다. 우리의 방어는 슬로푸드 식탁에서 시작되어야 한다. 우리는 지역 요리의 맛과 향을 다시 발견하고, 품위를 낮추는 패스트푸드를 추방해야 한다. 생산성 향상이라는 이름으로, 빠른 생활이 우리의 존재 방식을 변화시키고, 우리의 환경과 경관을 위협하고 있다. 그러므로 이제 유일하면서도 진정한, 진취적인 해답은 슬로푸드이다.

–1989년 프랑스 파리에서 채택된 〈슬로푸드 선언문〉 중

슬로푸드 운동은 패스트푸드가 우리 입맛뿐만 아니라 농업과 환경, 삶의 철학에까지 나쁜 영향을 미친다고 본다. 그래서 전통음식을 보호하고 생물의 다양성을 존중하며 다품종 소량 생산을 추구하는 등 환경 및 생태를 위한 운동을 펼쳐온 것이다. 현대화를 거치면서 우리의 생활은 자연에서 너무 멀어지고 말았다. 이에 슬로푸드는 친자연주의 움직임을 계속하고 있다. 슬로푸드에 동참하는 사람들은 화학비료와 성장촉진제를 사용하지 않는 유기농 채소를 애용하고, 동물을 가두어 사육하는 공장형 사육장이 아닌 방목으로 기른 소나 돼지고기를 구매한다.

간장, 된장, 김치 등 우리나라의 전통음식은 기다림의 미학이 반영된 대표적인 슬로푸드에 속한다. 하지만 이마저도 이제 공장에서 생산되어 맛이 거의 표준화된 기성제품들을 사 먹는 가정이 늘어나고 있다. 도시화로 인한 주거, 생활방식의 변화가 가져온 결과이다. 지금이라도 우리가 각성하고 변화하지 않는나면, 우리는 다양한 음식 맛을 점점 더 누릴 수 없게 될 것이고, 입맛 또한 획일화되고 말 것이다.

04 인간의 품격

어떻게 잘 먹느냐, 그것이 문제로다

지금까지는 주로 먹거리 자체에 초점을 맞춰 이야기해왔습니다. 음식 이야기를 마치기 전에 먹거리 이면의 가치에 주목해보려고 합니다. 어쩌면 냉장고와의 연결고리는 조금 약할지도 모릅니다. 하지만 인간에게 '먹는' 행위는 실로 중요한 가치들을 내포하는 만큼 먹거리에 관한 꼬리에 꼬리를 무는 생각의 연장선상에서 바라보면 좋을 것 같습니다. 여러분은 혹시 주로 누구와 함께 식사를 하나요? 《비만의 진화》라는 책을 보면 다음과 같은 내용이 나옵니다.

"인간은 끼니를 정해 먹는다. 인간은 특정 시간, 특정 장소에서 식사를 하며, 대개 다른 사람들과 어울려서 먹는다. 아마도 그 역사는 수백만 년을 거슬러 올라갈 것이다. 끼니는 사회적인 행동인 경우가 대부분이다. 사람들은 혼자 먹기보다는 다른 사람들과 어울려 식사를 한다. 함께 끼니 식사를 하는 사람들은 사회적 연결 고리가 있다. 사람들은 함께 모여 끼니를 먹을 때 집단의 소속감을 공유한다."[5]

이처럼 우리 인간에게 있어 끼니를 때운다는 건 단지 생물학적으로 생존을 위해 배고픔을 해결하는 것 이상의 중요한 의미를 가집니다. 우리는 때때로 먹는 것으로 사람을 평가합니다. 가족이나 연인과 고급 레스토랑에서 유명 셰프가 만든 음식을 우아하게 먹는 모습은 동경의 대상이 되곤 합니다. 반면 TV를 보며 혼자 끓여 먹는 라면은 외롭고 궁상맞은 생활로 그려지기도 하죠. 음식을 먹는 일이 비단 영양분의 섭취뿐만 아니라, 경제적인 수준이나 사회적 위치 등을 판단하는 기준으로도 작용하는 것입니다.

또한 먹는 행위는 인간과 동물을 구분하는 경계가 되기도 합니다. 앞서 '불'과 함께 인간의 문명이 시작되었다고 언급했는데, 인간이 동물과 다른 존재로 성장할 수 있었던 가장 큰 영향은 불의 발견과 사용입니다. 하버드대학교 인간진화생물학과 랭엄(Richard Wrangham) 교수의 《요리 본능》이라는 책에 따르면, 인간 진화의 결정적 요인은 요리, 즉 불을 사용해 음식을 요리하는 '화식(火食)'의 발견이라고 합니다. 인간 외에도 사회를 이루고 협동하거나 도

5. 마이클 파워 · 제이 슐킨, 《비만의 진화》(김성훈 옮김), 컬처룩, 2014, 74쪽

구를 사용하는 동물은 있지만, 불을 사용해 요리하는 존재는 오로지 인간이 유일하죠. 그래서 랭엄 교수는 인간을 "불로 요리하는 유인원이며, 불의 피조물"이라고 말합니다. 인간은 요리를 통해 많은 에너지를 획득했을 뿐만 아니라, 부드러워진 음식을 먹음으로써 소화에 걸리는 시간도 줄이게 되었습니다. 특히 랭엄 교수는 인간이 소비하는 에너지의 1/5을 차지하는 뇌가 요리를 통해 발달할 수 있었다고 주장했는데, 그의 주장에서 우리는 인간 발달과 음식의 긴밀한 관계를 파악할 수 있습니다.

먹는 행위와 인간관계

ㅇㅇㅇ

먹는 행위는 음식과 인간 사이의 관계뿐만 아니라 인간과 인간 사이의 관계 맺음에도 중요한 역할을 합니다. 낯선 사람과 친해지고 싶을 때, 혹은 고마운 사람에게 감사한 마음을 전달하고 싶을 때 가장 좋은 방법은 함께 먹고 마시는 것입니다. 그래서 우리는 예전부터 귀한 손님을 대접할 때 가장 맛있는 음식을 내놓았습니다. 또한 음식을 함께 먹음으로써 불편하거나 적대적인 관계를 해소하기도 하고, 새로운 관계를 맺기도 하며, 관계의 새로운 국면을 맞이하기도 합니다. 함께 먹고 마시면서 불신을 없애고 뭔가 새로운 신뢰 관계를 쌓게 되는 거죠.

예컨대 회사에서 회식하는 이유도 마찬가지입니다. 동료나 상사 등과 함께 먹고 마시는 동안 회사 안에서의 묘한 긴장감이나 딱딱한 분위기에서 벗어나 좀 더 깊이 있는 소통을 하면서 의기투합하기도 하고, 먹고 마시는 행위 자체로 고된 업무로 쌓인 스트레스를 풀기도 합니다. 현대의 외교에서도 식사는 상징적 의미를 띱니다. 예컨대 2018년 남북정상이 판문점에서 함께 먹은 평양냉면은 단순히 여름철 인기 음식을 넘어, 남북 평화를 상징하는 마중물로 여겨졌죠. 함께 음식을 나눠 먹는 행위가 적대감을 해소하고 유대감을 형성하는 데 매우 효과적인 방법이라는 것을 보여준 대표적인 사례로 꼽힙니다.

이처럼 음식을 함께 먹으며 상호 긴장감을 줄이고 유대감을 높이는 현상을 오찬 효과라고 합니다. 맛있는 음식을 먹을 때 섭취하는 포도당, 단백질과 같은 영양소의 자극으로 인해 상대방에 대한 호감이 생기고 긍정적인 반응을 일으키는 거죠. 그렇게 먹는 일은 단순히 생존본능을 넘어서 친교와 유대라는 사회적 의미로 쓰이게 되었습니다. 문화인류학자인 클로진스키(Klosinski)는 음식과 식사에 대한 자신의 연구를 이렇게 요약했습니다.

> 음식을 함께 나눈다는 것은 상호관계와 이익으로 연결된 복합체를 시작하는 일종의 거래로서, 이 거래에는 상호 간에 지켜야 할 일련의 의무사항들이 수반된다. 이런 거래는 사회적 상호작용과 상호 간의 책임

으로 이루어지는 조직의 그물 속에 한 개인을 참여시킨다. 또한 식탁 교제는 인간의 상호작용에 대한 상징으로서 작용한다. 식탁 교제는 감정과 관계들을 상징화하고, 사회적 신분과 권력을 매개하고, 집단 정체성의 경계선을 그어주는 문화적 행위다.[6]

계급에 따라 달라지는 개인의 취향

◦ ◦ ◦

음식을 먹는 것은 몹시 개인적인 행위인 동시에 사회적인 행위입니다. 이에 대해 프랑스 사회학자 피에르 부르디외(Pierre Bourdieu, 1930~2002)는 "음식에 대한 아비투스(취향)의 차이가 사회적 신분을 구별한다."고 주장했죠. 그가 아비투스(Habitus)라 칭한 취향은 차보다 커피를, 소주보다 맥주를 좋아하는 것 등과 같은 개인적인 성향을 뜻합니다. 그러나 이러한 취향은 한편으로 일종의 문화적 양식으로도 볼 수 있습니다. 가정환경, 어울리는 사람, 직업 등에 따라 삶의 행동 방식이 달라지는 것처럼, 우리가 지극히 개인적인 취향이라고 믿는 선택 속에도 사회 환경이 알게 모르게 큰 영향을 미치고 있기 때문입니다. 다시 말해 사회에서 어떤 계급에 속하느냐에 따라서도 개인의 취향은 달라질 수 있다는 뜻입니다.

6. 류모세, 《열린다 비유 : 돌아온 탕자 이야기》, 두란노, 2011, 23쪽

> 아비투스는 일종의 버릇이다. 버릇은 실천을 낳는다. 그런데 그 버릇은 사회적이다. 사회적이라는 것은 집단적이라는 것이며, 계급적이라는 것이다. 나는 이성적 주체가 아니며, 나의 행위 역시 합리적 선택이 아니다. 나라는 존재와 나의 행위는 오랜 역사 속에서 형성된 버릇에서 비롯되었다. 이 사회적 버릇은 개인으로서 나와 계급을, 행위와 구조를 매개한다.[7]

사회적 계급에 따라 음식 취향이 달라지는 모습은 서양의 음식 역사에서도 쉽게 발견할 수 있습니다. 서양 음식은 17세기에 많은 변화가 일어났습니다. 그런데 이 시기는 산업화가 진행되면서 부와 자본을 축적한 부르주아들이 마치 귀족처럼 고급 음식을 먹을 수 있게 된 때죠. 귀족은 이제 끝없는 코스요리나 포도주의 양으로는 부르주아 계급과 더 이상 차별화된 모습을 보여줄 수 없게 되었습니다. 그래서 귀족들은 식사 방식을 바꾸기 시작했습니다. 예를 들어, 중세시대까지 귀족들이 요리에서 중시하던 비싼 양념을 부르주아가 많이 사용하기 시작하면서 귀족은 오히려 양념을 줄이거나 빼기 시작했죠. 또 식탁에 냅킨과 식탁보를 두고 포크를 우아하게 쓰는지 등의 여부로 귀족과 부르주아를 구별하기 시작했던 것입니다.

7. 김동일, 《피에르 부르디외》, 커뮤니케이션북스, 2016, 1쪽

자판기 커피와 인스턴트 커피

○ ○ ○

개인의 취향처럼 보이는 음식에 대한 기호가 사실 사회적 영향의 결과라는 것을 잘 보여주는 우리나라 사례도 있습니다. 바로 우리의 커피 문화입니다. 지금은 비록 '아메리카노'에 밀리고 있지만, 1990년대까지만 해도 한국인은 달콤한 인스턴트 커피를 즐겨 마셨습니다. 지금도 식당 입구에 인스턴트 커피 자판기가 설치된 곳이 많죠. 식사 후 마시는 달콤한 커피 한 잔은 한국인에게 너무나 일상적인 풍경이었습니다.

지금이야 아메리카노가 국민음료급 인기를 끌고 있지만, 원두커피가 처음부터 우리에게 사랑받은 건 아닙니다. 1988년 서울 압구정 파출소 앞에 원두커피 전문점 '쟈뎅'이 있었고, 1998년 한국 최초의 에스프레소 전문점인 '할리스커피' 매장이 문을 열었지만, 대다수 서민은 인스턴트 커피를 더 즐겨 마셨죠. 그런데 이 시기, 해외 유학생이나 외국계 회사 직원들 사이에서 원두커피를 마시는 문화가 조금씩 유행하기 시작한 것입니다. 원두커피가 외국에서 생활한 자신의 세련됨을 드러내는 장치이자 이국적인 이미지를 표현하는 하나의 수단이 된 거죠. 특히 1999년, 이화여대 앞에 스타벅스 커피전문점이 문을 열면서 한국에 본격적으로 원두커피 문화가 본격적으로 퍼져 나갔습니다. 스타벅스 커피를 마시는 것은 단순히 음료를 마시는 것을 넘어 하나의 문화현상이 되었죠.

커피 한 잔으로 글로벌 문화와 하나되는 일종의 상징적 행위였으니까요. 그로부터 20년이 더 지난 오늘날, 출근길 또는 식후에 원두커피 한 잔을 마시는 모습은 우리의 흔한 일상이 되었습니다. 부르디외의 표현을 빌리자면, 육체노동자, 회사원과 같은 민중계급과 예술가 등 중간계급이 원두 커피를 통해 상위계급이 누리던 고급문화와 해외문화를 모방한 것이라 할 수 있겠군요.

서로 다른 음식문화에 대한 존중의 태도

○ ○ ○

앞서 귀족들이 브르주아와의 구별을 위해 식사 방식을 바꿔 차별된 모습을 보이고자 했다고 했습니다. 이는 일종의 구별 짓기(distinction)로 볼 수 있죠. '우린 너희와 급이 다르다'는 것을 보여주려는, 즉 구별하기 위한 행위이니까요. 구별 짓기를 다른 말로 하면 배타와 차별입니다. 개고기 논쟁이나 홍어에 대한 비하 등에서 엿볼 수 있듯 때때로 음식은 포비아(phobia), 즉 꺼려지거나 두려운 마음에 배타와 차별의 대상이 됩니다. 낯설고 익숙하지 않은 것에 대한 거부감은 자연스러운 감정입니다. 그러나 다르다는 것은 결코 우월한 것도 뒤떨어지는 것도 아닙니다. 단지 생활방식의 차이일 뿐입니다. 따라서 나와 다른 것 또는 나에게 익숙하지 않은 것을 무조건 싫어하는 것은 성숙하지 못한 태도입니다. 다른 것은 다만 낯선 것일 뿐, 차별의 대상은 아니기 때문이죠.

다르다는 것은 오히려 세상을 풍성하게 만들어주는 긍정적 역할을 합니다. 그 대표적인 예가 바로 프라이드치킨입니다. 남녀노소가 사랑하는 프라이드치킨도 한때는 차별받는 음식이었습니다. 영화 〈헬프〉(2011년)는 인종차별이 일상과도 같았던 1960년대 미국 남부지역을 배경으로 음식까지 이어진 경계와 차별을 보여줍니다. 그 시절 미국 남부에서는 흑인과 백인이 마치 서로 다른 세상을 살아가는 듯 행동해야 했습니다. 교회도 같이 갈 수 없었고 식기나 그릇, 심지어 화장실조차 따로 사용해야 했죠. 철저히 분리된 백인과 흑인이 영화 속에서 연결되는 계기가 바로 '치킨'입니다. 시골 출신인 백인 셀리아의 집에서 가정부로 일하게 된 흑인 미니가 흑인의 방식으로 튀긴 치킨을 셀리아에게 주면서 그들은 인종의 경계를 허물게 된 거죠.

프라이드치킨은 원래 흑인의 소울푸드였습니다. 노예해방 이전 미국 남부 흑인의 전통음식으로 고된 노예 생활의 고단함과 슬픔이 밴 음식이었죠. 백인 농장주는 날개나 발, 목은 먹지 않고 버렸는데, 흑인 노예들이 이를 주워 와 기름에 바싹 튀겨먹은 것으로 치킨이 시작되었다고 합니다. 흑인 음식이라는 이유로 차별받던 프라이드치킨은 탁월한 맛으로 점차 백인에게도 퍼져나갔습니다. 후에 미국 켄터키주에서 프라이드치킨을 팔던 커널 샌더스(Harland David Sanders, 1890~1980)가 1952년 유타주 솔트레이크시티로 건너가 세계적으로 유명한 치킨 프랜차이즈 'KFC'를 열면서 '프라이드 치킨'은 전 세계로 퍼져나가 세계인의 사랑을 받게 되었죠.

음식의 '맛'은 대부분 습관과 문화로 결정됩니다. 앞서 말했듯 맛은 개인의 취향일 뿐만 아니라 사회 속에서 사람들이 오랫동안 쌓아 만들어진 미각 구조이기도 합니다. 예컨대 한국엔 한국만의 미각 구조가 있고, 중국엔 중국만의 미각 구조가 있습니다. 오랜 시간에 걸쳐 만들어진 미각 구조 속에 살면서 특정한 맛에 길들고, 그 결과 익숙하지 않은 것을 맛보게 되면 거북하거나 맛이 없다고 느끼거나 때로는 같은 맛을 전혀 다르게 느끼기도 합니다. 유럽인이 즐겨 먹는 치즈 중 향이 강한 것을 한국인은 거북하게 느낄 수도 있습니다. 또 우리가 구수하다고 느끼는 된장이 서양인 입에는 구린 맛으로 느껴질 수도 있죠. 옳고 그른 차원이 아니라 그저 서로 다를 뿐입니다.

인류는 각자 거주하는 곳에서 아주 오랜 시간에 걸쳐 자신들의 독특한 음식문화를 발전시켜왔습니다. 하지만 냉장고의 등장과 함께 빠른 시간에 전 세계의 먹거리가 하나로 이어지면서 세계인이 모두 숨 가쁜 변화를 경험했습니다. 자연히 낯선 문화에 적응할 시간도 충분히 가질 수 없었죠. 해외에서 동양인에게 마늘 냄새나 김치 냄새가 난다며 차별과 조롱의 눈으로 바라보는 것에 대해 우리가 분노하는 것처럼 편견에서 벗어나 서로의 차이를 인정하고 존중하려는 태도가 더욱 필요한 시대입니다.

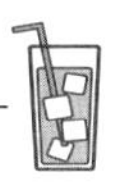

종교로 보는 음식문화

식사는 종교적으로도 의미 있게 해석된다. 성경 속 예수는 수난을 당하기 전날 밤, 12명의 제자와 함께 '최후의 만찬'을 가졌다. 인간의 죄를 대신 속죄하기 위해 세상에 내려온 예수는 제자들에게 빵을 나눠주며 말한다. "받아라, 이것은 나의 몸이다."(마가복음, 14:22) 빵을 나눠 먹는 행위를 통해 제자들은 예수의 삶과 운명에 동참하게 된 것이다.

불교에서는 밥을 먹는 것을 '발우공양(鉢盂供養)'이라 한다. 발우는 스님이 쓰는 그릇을, 공양은 밥을 먹는 행위를 의미한다. 스님에게 밥을 먹는 행위는 부처의 깨달음과 생명 존중, 검소하고 청렴한 삶을 생각하고 수행의 의지를 다지는 종교 의식이다.

우리나라 제사에도 음식은 빠질 수 없다. 제사는 조선시대에 이르러 민간에 퍼지기 시작했다. 처음엔 조정 중신과 일부 양반 사이에서만 행해지던 것이 조선 중기 이후 평민에게도 널리 퍼져 나간 것이다. 또한 음복(飮福)이라 하여 가족과 이웃 사이의 우애와 화목을 다지기 위해 제사가 끝난 뒤 술과 음식을 함께 나누어 먹는 풍습이 생겨났다.

이처럼 먹는 행위는 개인을 넘어 타인과의 연대와 평화로운 공존을 향한 행위이기도 하다. 평화(平和)나 화목(和睦)이란 단어를 구성하는 한자 '和(화)'는 수확한 벼(禾)를 여럿이 나누어 먹는다는(口) 뜻이 합쳐진 글자이다. 음식을 함께 나눔으로써 인류가 화목한 관계를 유지할 수 있다는 뜻이리라. 우리가 가족이나 공동체를 칭하는 '식구(食口)'라는 말처럼 음식을 나누는 모든 사람이 바로 가족인 셈이다.

앞에서 우리는 냉장고를 길잡이 삼아 과거에서 현재까지 그리고 우리나라와 세계의 음식 문화에 관해 탐험해보았습니다. 이 장에서는 경제발전에 관한 이야기를 해보려고 합니다. 냉장고를 포함해 가전제품의 본격적인 등장은 여성의 가사노동 시간을 단축하는 데 기여했습니다. 그리고 이는 여성들의 활발한 경제활동을 부추기는 계기가 되었죠. 나아가 냉장, 냉동기술의 발달은 먹거리의 이동 경로를 획기적으로 증가시켜 음식의 세계화를 일으켰습니다. 여기에서는 특히 콜드체인, 즉 냉동과 냉장에 의한 신선 식료품의 유통방식과 빠르게 진화하는 냉장고만큼이나 눈부신 경제발전 속에서 날로 심화되는 부의 불평등이나 양극화 등을 포함하여 냉장고와 경제에 관한 다양한 이야기들을 이어가 보려고 합니다.

3장

“냉장고, 경제를 뒤흔들다!”

냉장고와 경제발전

01 히트상품

냉장고, 여심을 훔쳐 소비 심리에 불을 지피다

오늘날 냉장고는 가정마다 몇 대씩 보유하고 있는 만큼 별로 새로울 것이 없는 물건입니다. 하지만 가정용 냉장고의 첫 등장은 그 자체로 너무나 매력적이고 혁신적이었습니다. 그래서 선보이기 무섭게 선망의 대상이 되었고, 그 넘치는 매력 덕분에 당시로서는 고가의 사치품임에도 일반 가정으로 빠르게 보급될 수 있었죠. 냉장고는 20세기를 대표하는 히트상품 중의 하나입니다. 그냥 하는 말이 아니라 미국의 《포춘(Fortune)》이 다음과 같이 20세기 지구촌 최대의 히트상품을 선정했는데, 냉장고 또한 당당히 이름을 올렸죠.

나일론(1939년), 모델T 자동차(1908), **냉장고(1918년)**, 페니실린(1928년), DC3 여객기(1936년), 텔레비전(1939년), 피임약(1960년), 매킨토시(1984년)

가전제품이 여성을 가사노동에서 해방시켰다?

◦ ◦ ◦

앞서 냉장고가 각 가정에 보급되기 전까지는 요즘처럼 한꺼번에 장을 보는 것이 아니라, 매일 조금씩 장을 봐서 그날그날의 찬거리를 마련했다고 얘기했습니다. 말이 쉽지, 요즘처럼 인터넷 클릭 한 번으로 장을 볼 수 있는 것도 아닌데, 매일 시장에 가서 찬거리를 사야 한다는 건 여간 번거로운 일이 아닙니다. 하지만 냉장고 덕분에 식재료를 넉넉하게 사다둘 수도 있게 되었고, 한번 조리할 때 좀 넉넉하게 만들어서 소분하여 얼려두면 한동안 먹을 수 있다 보니 끼니마다 새로 요리를 할 필요도 없어졌죠. 게다가 요즘에는 해동만 하면 간편하게 즐길 수 있는 냉동 레토르트 식품도 그 종류가 어마어마합니다. 취향대로 사다가 냉동실에 넣어두면 필요에 따라 꺼내 국이나 찜, 탕 등을 손쉽게 조리할 수 있죠. 예전처럼 매 끼니마다 일일이 재료를 손질한다거나 또 요리하는 데 오랜 시간을 들일 필요도 없습니다. 이러한 라이프 스타일의 변화로 인해 작은 규모의 동네식품점을 대신하여 대형마트 중심으로 시장의 형태도 달라졌습니다.

아무튼 가사노동을 전담하다시피 했던 당시 여성들에게 냉장고는 꼭 소유하고 싶을 만큼 매력적이었을 것입니다. 냉장고가 처음 등장했을 당시 국민소득 수준에 비해 고가였음에도 불구하고 빠르게 각 가정의 필수가전으로 자리잡은 데는 여성들의 마음을 사로잡은 것이 큰 역할을 했죠. 냉장고뿐만 아니라 과학기술의 발전과 함께 20세기 중반 이후 속속 등장한 세탁기, 식기세척기, 진공청소기 등의 각종 가전제품들이 빠르게 생활가전으로 자리를 잡게 된 데는 여심을 사로잡은 공이 큽니다. 대체로 시장 공략에 실패한 가전들의 사례를 살펴보면 기계를 들여놓음으로써 여성의 삶을 좀 더 편안하게 해주는 것이 아니라 하지 않아도 되는 일까지 하게 만드는 종류가 대부분이라고 하니까요. 즉 기능에 현혹되어 충동구매까지는 이르게 했지만, 없는 일을 굳이 하게 되는 것이 번거로워 평소 잘 사용하지 않으면 더 이상 확산되지 못하고 소리소문 없이 사라지기도 합니다.

냉장고와 세탁기, 청소기 등의 등장은 일정 부분 여성을 가사노동에서 해방시킨 공로가 있습니다. 즉 가전제품의 등장으로 노동시간을 절약하여 온종일 가사노동에 매여 있던 여성의 삶을 조금은 자유롭게 해준 거죠. 그와 함께 여성의 사회 진출 또한 점점 더 활발하게 이루어졌습니다. 초창기 여성의 경제활동은 방문판매처럼 시간 선택이 비교적 자유로운 직종을 중심으로 많이 이루어졌죠. 대표적인 여성 일자리 중 하나가 바로 소위 '야쿠르트 아줌마'입니다. 현재까지도 약 1만 3,000명이나 활동하고 있다고 합니다. 다만 과거 작은 아이스박스를 어깨에 메고 걸어다니시던 모습에서 이제는 헬멧을 쓰고 냉장고가 탑재된 소형 전기카트인 '코코'를 타고 다니는 모습에서 격세지감을 느끼게 됩니다.

하지만 가전제품이 과연 여성을 가사노동에서 해방시킨 것인지에 대해서는 의문입니다. 여전히 가전제품을 주로 사용하는 사람들은 여성이니까요. 1인 가구라 홀로 생활하는 경우가 아니면, 냉장고든 세탁기든 전기청소기든 간에 여전히 주요 고객층이 여성이라는 사실은 부인할 수 없습니다. 좀 더 미래에 인간이 조작하지 않아도 스스로 알아서 타이밍을 맞춰 요리와 청소, 빨래 등을 척척 해내는 인공지능 로봇형 가전이 나오기 전까지는 말이죠.

가사노동에 대한 여전한 고정관념

○ ○ ○

여성의 활발한 경제활동을 그저 가전제품의 영향이라고 분석하는 건 솔직히 어리석은 주장입니다. 엄밀히 말해 가전제품이 나오기 훨씬 전부터 여성은 경제활동을 이어왔으니까요. 우리는 과거에 주로 남성이 바깥일을 하고, 여성은 주로 집안일을 담당했다고 생각합니다. 하지만 여성들은 아주 오랜 세월 경제활동을 통해 부지런히 가계경제에 기여해왔습니다. 특히 요즘처럼 가사노동 분담의 개념조차 없던 시절의 여성들은 온갖 집안일을 도맡아 하는 것은 물론 살림살이에 보탬이 되는 이런저런 일들까지 몸이 닳도록 해야 했죠. 예컨대 동네 잔칫집에 가서 품앗이로 일을 하고 음식을 얻어와 가족들을 먹이기도 했고, 삯 바느질을 하거나 베를 짜서 팔아 살림에 보태기도 했습니다.

다만 그 시절의 노동은 주로 '경제적 이유' 때문이었습니다. 부유한 양반집 마나님이나 양갓집 규수들이 일을 하지 않았던 까닭입니다. 사회 전반적으로 노동의 숭고한 가치를 존중하고 인정하기는커녕 천시하는 분위기가 만연했으니까요. 그리고 이는 서양의 경우도 크게 다르지 않습니다. 귀족 여성들보다 주로 가난한 서민층 여성들이 생계유지를 위해 경제활동에 적극적으로 나서야 했죠. 이처럼 대부분 생계유지라는 이유로 인한 어쩔 수 없는 선택이었던 여성의 경제활동이 교육 기회의 확대와 의식 수준의 향상과 함께 자발적 선택으로 바뀌어 간 것입니다. 즉 꼭 경제적인 이유 때문이 아니라 자아실현과 같은 내적인 만족을 추구하기 위해 일하는 여성들이 늘어난 거죠.

이처럼 세상이 한참 달라진 지금에 와서도 가사노동은 일단 여성의 일로 생각하는 사회 분위기가 여전합니다. 양성평등을 부르짖는 지금도 남성들은 그저 조금 '거들어주는' 입장이죠. 여성의 교육 수준이나 의식 수준의 향상과 별개로 여전히 가사노동은 여성의 전유물처럼 생각하는 사회 분위기 속에서 가전제품의 등장은 가사노동 시간을 일면 단축시켜준 효과는 있을지 모르지만, 인공지능 냉장고가 등장한 지금에 와서도 여성이 완전히 가사노동에서 해방된 상태라고 보기는 어렵습니다.

물론 과거에 비해 여성들의 사회적 지위가 향상된 만큼 가사노동을 분담하는 추세이지만, 그럼에도 불구하고 아직은 갈 길이 먼 것 같습니다. 〈2020 서울시 성인지통계〉에 따르면 남성에 비해 여전히 여성의 가사노동 시간이 약 3.6배나 높다고 하니 말이죠. 심지어 맞벌이 부부만을 대상으로 조사대상을 한정한 경우에도 여성의 2시간에 비해 남성은 38분으로 3배 가량 차이가 났다고 합니다. 그래서인지 몰라도, 여전히 많은 가전제품과 관련된 광고는 어떻게 하면 여심을 제대로 공략할 것인지에 주목합니다.

냉장고 광고에서 엿보는 소비 심리의 변화

앞서 우리나라의 첫 냉장고 광고가 매체를 통해 선보였을 때 세련된 여성을 주인공으로 냉장고 가득 식재료를 채운 모습을 내세웠다고 얘기한 바 있습니다. 냉장고 광고를 보면 가정 내 여성의 권위를 짐작할 수 있다는 말도 있습니다. 냉장고가 첫 등장했던 1950년대는 가사노동은 여성의 전유물로 생각하는 사람이 대부분이었습니다. 그때만 해도 아마 냉장고 광고에 남성을 등장시킬 생각은 아예 하지도 못했을 것입니다. 고가의 냉장고인 만큼 고급스럽고 세련되게 차려입은 행복한 표정의 귀부인을 등장시켜, 여성들로 하여금 냉장고를 소유하면 광고에 등장한 여성처럼 세련되고 행복한 일상을 누릴 수 있지 않을까 상상하게 만들었죠. 냉장

Home Sweet Home

#라떼는_#추억박물관_#옛날광고_#우리집에_냉장고_있다_#나는_#행복한_#주부

고 탄생 후 30년이 지난 1980년대에 L사에서 김치냉장고가 처음 등장했을 때도 광고 속 주인공은 여전히 '주부'였습니다. 그때 광고카피는 이러합니다.

"기술 금○이 주부님께 드리는 또 하나의 만족!"

시대가 바뀌면서 냉장고의 광고에도 변화가 시작됩니다. 예컨대 여권(女權) 신장과 함께 사회활동에 참여하는 여성들의 인구가 증가함에 따라 전업주부로 보이는 귀부인이 주인공이라기보다는 일과 가정생활을 병행하며 바쁘게 살아가는 워킹맘을 주인공으로 하는 콘셉트로 바뀐다거나, 아예 여성 소비자의 호감도가 높은 남성을 광고 주인공으로 내세워 냉장고의 소유욕을 자극하는 콘셉트로 제작되기도 했죠.

또한 대형마트에서 식재료를 대량으로 구매하는 소비패턴으로 바뀌며 초대형 냉장고들이 속속 선보였습니다. 냉장고의 크기가 커지면서 냉장실은 아래, 냉동실은 위라는 고정관념에서 벗어나 문을 양쪽으로 여는 양문형 냉장고가 인기를 끌었죠. 그러다가 아예 냉장실을 위로, 무거운 것을 많이 보관하는 냉동실을 아래로 이동시키고, 문도 2개에서 4~5개로 늘린 냉장고들이 요즘 광고에 모습을 보입니다. 나아가 터치스크린, 얼음정수기 등의 부가 기능까지 장착한 냉장고들이 출시되면서, 광고 속 주인공들이 이런 기능들을 자연스럽게 사용하는 모습이 묘사되곤 하죠.

요즘은 1인 가구의 폭발적 증가와 함께 크기는 좀 더 다채로워지는 한편 냉장고 디자인과 부가기능에 좀 더 집중하는 것 같습니다. 특히 코로나19의 장기화로 인해 집콕 생활이 길어지면서 디자인은 중요한 선택 기준이 되고 있다고 합니다. 즉 가전제품을 통해 인테리어 효과까지 기대하는 거죠. 예컨대 S전자의 경우는 한 가지 색으로 만들어진 기존 냉장고의 고정관념을 깨고, 문마다 알록달록한 컬러블록을 취향에 맞게 고를 수 있는 맞춤형 냉장고를 선보였죠. 광고에서도 고객의 라이프스타일이나 취향에 맞게 색상과 재질을 선택한 맞춤형 냉장고라는 점을 강조합니다. 또한 L사의 경우는 예술작품과 자사의 가전제품을 동일시하는 콘셉트의 광고를 통해 예술작품 못지 않은 수준으로 아름답게 업그레이드된 디자인을 과시합니다.

그리고 4차 산업혁명시대 사물인터넷의 발전과 함께 인공지능이 탑재된 냉장고까지 등장하고 있습니다. 예컨대 냉장고 안에 남은 식재료를 냉장고가 스스로 판단하고, 재료가 떨어지기 전에 알아서 주문하는 식이죠. 이처럼 냉장고의 디자인이나 광고를 살펴보면 소비트렌드나 생활패턴의 변화 등을 함께 살펴볼 수 있는 점에서 재미있습니다. 그리고 과거와 달리 이미 시장에는 수많은 종류의 냉장고들이 나와 있습니다. 그와 함께 소비자의 마음을 제대로 사로잡기 위한 기업들의 경쟁도 나날이 치열해지고 있습니다.

02 외식산업

냉장고, 다양한 외식업의 붐을 일으키다

앞서 음식문화에 관한 이야기를 하기도 했지만, 냉장고를 이야기하면서 역시 빼놓을 수 없는 것은 역시 먹거리 이야기입니다. 특히 냉장고는 다양한 외식산업의 활성화에 크게 기여하였습니다. 사람들에게 음식을 만들어서 팔려면 일반 가정보다 훨씬 더 많은 양의 식재료를 구매하고 또 보관해야 하니까요. 특히 프랜차이즈 음식점들의 경우 어느 매장에서 먹건 간에 맛의 큰 차이가 없어야 하죠. 이를 위해서는 표준화된 식재료나 양념을 각 매장마다 공급해야 합니다. 이런 표준화된 품질의 식재료를 공급하는 데 냉장고는 핵심적인 역할을 담당합니다. 아마 냉장고가 없었다면 결코 오늘날 같은 프랜차이즈 업종이 생겨날 수도, 다양한 메뉴를 제공할 수도 없었을 것입니다. 수많은 음식점들이 하루에도 우후죽순처럼 생겨날 수도 없었겠죠.

홍보는 미디어가 해도, 신선도는 냉장고가 지킨다!

ㅇㅇㅇ

길거리에서 가장 쉽게 찾아볼 수 있는 업종 중 하나가 바로 음식점입니다. SNS만 둘러봐도 온통 맛집을 탐방하고 이를 인증한 사진들이 넘쳐나죠. 미디어의 힘은 막강합니다. 최근 요리전문가 백종원 씨가 진행하는 TV 프로그램 〈골목식당〉에 출현한 돈가스 식당이 대중의 큰 관심을 받았습니다. 서울 서대문구 홍은동 포방터 시장(현재는 제주도로 이전)의 한 돈가스 가게는 진행자 백종원 씨가 "우리나라 돈가스 끝판왕"이라는 높은 평가를 한 후 누구나 가보고 싶은 명소가 되었죠. SNS에는 이 식당 앞에 길게 줄을 선 사진이 올라오고, 연예인들도 방문 인증사진을 올리곤 했죠. 뜨거운 인기에 힘입어 프렌차이즈 가맹점도 연다고 합니다.

식당으로 사람들을 모은 건 방송의 힘이지만, 결과적으로 돈가스가 그만큼 맛있었기 때문에 사람들의 발길이 계속 이어졌고, 나아가 가맹점까지 생겨났을 것입니다. 돈가스의 맛은 고기의 신선도가 중요합니다. 특히 프렌차이즈라면 동일한 품질의 고기가 납품되어 소비자에게 조리될 때까지 신선하게 보관되어야 하므로 당연히 냉장고의 역할이 중요하죠. 도축장, 가공, 중간도매상, 소매상 등 길목마다 신선도를 유지할 수 없다면, 미디어가 만든 인기도 물거품처럼 사라지고 맙니다. 맛집의 음식이 달콤한 열매라면 외식산업 속 냉장고는 화려하게 빛나진 않지만 없어선 안 되는 뿌리와 같습니다. 만약 냉장고가 없었다면 그토록 많은 외식업체들이 빠르게 생겨나고 또 성장할 수 없었을 것입니다.

역시 외식은 '고기'서 '고기'다

우리나라는 유독 '국' 요리가 발달했습니다. 냉장고가 없던 시절, 음식을 팔팔 끓여놓으면 쉽게 상하지 않아 여러 끼니에 걸쳐 먹을 수 있었기 때문입니다. 또 지금이야 바다 건너에서도 소고기, 돼지고기가 수입되어 흔하게 고기를 접할 수 있지만, 고기가 귀하던 시절에는 일 년에 아주 특별한 날을 제외하곤 좀처럼 고기 구경을 하기가 힘들었습니다. 고기 조금에 물을 잔뜩 부어서 국을 끓이면 그냥 구워서 먹을 때보다 비록 고기의 양이 많이 부족해도 여러 사람이 풍족하게 나눠 먹을 수 있었을 테니 1석2조입니다. 그래서인지 몰라도 우리나라 최초의 외식 메뉴 또한 국밥으로 알려졌죠. 하지만 냉장고의 등장으로 더 이상 펄펄 끓이는 국물 조리 방식에 의존할 필요가 없어졌습니다. 얼마든지 신선한 상태로 많은 양의 고기를 오래 보관할 수 있게 되었으니까요.

1970년대에 설렁탕과 같은 국밥이나 삼겹살, 갈비와 같은 고기를 식당에서 사 먹는 외식문화가 점차 생겨나기 시작했습니다. 특히 고깃집은 1980년대 경제 호황기에 이르러 특별한 외식 메뉴로

추억 속의 국민 외식 메뉴 '짜장면'

외식은 집 밖에서 밥을 먹는 행위를 뜻한다. 음식을 집에서 요리하지 않고 밖에서 소비하는 외식의 역사는 오래되지 않았다. 지금은 주말이나 기념일에 외식하는 것이 자연스러운 문화가 되었지만, 가난하던 시절 우리나라에선 외식문화가 드물었다. 그 시절 우리나라에서 '외식'하면 가장 민지 떠오르는 음식은 단연 '짜장면'이었다. 1999년 데뷔한 가수 GOD의 1집 앨범엔 당시 큰 인기를 끌었던 〈어머님께〉라는 곡이 수록되어 있다. 이 노래에 등장하는 짜장면은 가난했던 시절, 짜장면 한 그릇이 얼마나 소중했는지 잘 보여준다. 숨겨둔 비상금으로 아이에게 짜장면을 어렵게 사주면서 정작 본인은 짜장면을 먹지 않겠다고 말하는 어머니. 맛있게 짜장면을 먹는 아이와 그를 지켜보는 어머니의 마음은 어땠을까? 한국전쟁이 끝난 1955~1963년에 태어난 베이비붐 세대라면 누구나 짜장면에 얽힌 행복한 추억이 하나쯤은 있을 것이다. 어린 시절 입가에 검은 소스를 묻히며 먹던 짜장면은 세상 그 무엇과도 비교할 수 없는 맛있는 음식이었다. 이사, 졸업식의 단골 메뉴이자, 지금도 전국적으로 하루에 약 700만 그릇이 팔린다는 짜장면을 2006년 문화관광부는 '한국 100대 민족문화상징'의 하나로 선정했다. 다양한 외식문화가 발달한 지금, 짜장면은 외식의 황태자 자리에서 내려왔지만, 여전히 인기 있는 메뉴이다.

대접받기 시작했죠. 1976년 서울 강남에 문을 연 '삼원가든'은 소갈비, 등심구이 등을 판매하는 최고급 한정식 가게였습니다. 이후 '강강술래', '암소 한 마리' 같은 좀 더 대중적인 소고기 체인점이 생겨나며 가족 단위의 외식 명소로 자리 잡게 되었습니다.

1992년에는 소고기 뷔페도 크게 유행했죠. 일본에서 유행하기 시작한 소고기 뷔페는 저렴하게 소고기를 풍족하게 즐길 수 있어 주머니가 가벼운 젊은이나 서민의 큰 사랑을 받았습니다. 당시 서울에만 약 200여 개의 매장이 생겨났죠. 그러나 2008년 광우병 위험이 있는 미국산 소고기 수입을 전면 개방하려던 정부의 정책에 많은 시민이 우려하면서 한때 소고기 소비가 급감하기도 했습니다. 이때 소고기의 빈자리를 대신한 것은 돼지고기였습니다. 1997년 수입자유화에 따라 저렴한 외국산 돼지고기가 수입되기 시작했죠. 한때 돼지고기는 고기를 먹고 싶지만, 소고기를 사 먹기엔 부담스러운 서민과 학생 사이에서 유행했지만, 이제는 전 국민이 사랑하는 메뉴 중 하나입니다. 특히 우리나라는 독특하게 돼지고기 부위 중 삼겹살의 인기가 높습니다. 삼겹살은 돼지의 배 부위로 살코기와 지방이 세 겹 겹쳐져 있다 하여 붙여진 이름이죠. 성인이 평균 4일에 한 번 정도 삼겹살 1인분을 먹는다는 통계가 있을 만큼 삼겹살은 국민 고기로 불리게 되었습니다.

음식 칼럼니스트 황교익과 정은숙이 쓴 《서울을 먹다》를 보면 지금의 삼겹살이 탄생한 배경을 잘 알 수 있습니다. 1970년대 대규모 양돈 시설이 지어지면서 돼지고기 부위 중 안심과 등심이 돈가스용으로 일본에 수출되었습니다. 이에 남아 있던 부위인 삼겹살을 소비하기 위해 국내에 삼겹살 붐이 일어났다는 것입니다. 돼지고기는 1997년 IMF 외환위기 이후 경기 침체가 이어지면서 황금기를 맞이합니다. 전 세계 삼겹살을 우리나라가 다 수입한다는 우스갯소리가 나올 정도였죠. 돼지고기를 즐기는 사람들이 늘어나자 다양한 콘셉트의 삼겹살 전문점도 우후죽순 문을 열었습니다. 가마솥 뚜껑을 불판으로 쓰는 '솥뚜껑 삼겹살'이나 대패로 민 듯 얇은 '대패 삼겹살' 등이 큰 인기를 얻었죠. 이후 미숫가루 삼겹살, 와인에 숙성한 삼겹살, 녹차 삼겹살 등등 다양한 삼겹살이 등장하며 서민의 가벼운 주머니 사정과 입맛까지 동시에 만족시키는 대표적인 외식 상품으로 자리 잡았습니다.

냉장고가 연 프랜차이즈와 간편식의 전성시대

◦ ◦ ◦

외식산업의 새로운 패러다임을 가져온 장본인은 뭐니 뭐니 해도 프랜차이즈 패스트푸드점입니다. 값싸고, 빠르고 호불호가 거의 없는 맛입니다. 또 어느 매장에 가서 먹건 간에 맛의 차이가 거의 없이 균일했죠. 1979년 롯데리아가 처음 문을 열자, 젊은이들에게 그야말로 신세계가 펼쳐집니다. 1980년대에 이르러 우리나라에서 1986년 아시안 게임과 1988년 서울 올림픽 개최를 계기로 미국의 버거킹, 웬디스, 피자헛, 도미노피자, 맥도날드 등 해외 프랜차이즈 브랜드가 한국에 속속 진출했습니다.

외국계 브랜드가 들어오면서 한국 외식산업 또한 점점 더 시스템을 갖춘 한층 체계적인 모습으로 발전하기 시작했죠. 단순히 조리 방법이나 조리 기기를 수입하는 수준에 머물지 않고, 한 브랜드에서 여러 점포를 운영하고 점포별로 똑같은 맛을 제공하는 프랜차이즈 시스템을 받아들이게 된 것입니다. 이후 1990년대에는 패밀리 레스토랑이라 불리는 코코스, TGI 프라이데이스, 베니건스, 빕스, 아웃백 등이 잇따라 문을 열며 외식산업의 전성기가 시작되었습니다. 1995년 통계청이 내놓은《통계로 본 광복 이후 한국인의 문화생활변천》자료를 보면, 1994년 외식비가 문화생활 지출 비용의 44.8%나 차지하기도 했으니까요. 이러한 프랜차이즈가 세계 곳곳으로 뻗어나갈 수 있었던 것 또한 냉장고의 역할이 큽니다. 표준화된 맛을 유지하는 양념, 표준화된 사이즈로 만들어진 고기패티, 각종 채소 등을 각 매장으로 운반할 때 해당 프랜차이즈 매장이 위치한 지역 내에서 생산된 재료들이 유통되는 경우는 거의 없다고 봐야 하니까요. 따라서 장기간 이동거리에도 맛과 품질의 변화 없이 유지하는 역할은 결국 냉장고에 달려 있습니다. 그렇게 본다면 냉장고 덕분에 우리가 이토록 다양한 프렌차이즈 음식들을 맛볼 수 있게 된 것인지도 모르겠군요.

최근에는 20~30대를 중심으로 '혼밥'이나 '혼술'이 외식시장의 새로운 경향으로 주목받고 있습니다. 하지만 과거 우리나라 사람들은 혼자 밥 먹는 것을 매우 어색하게 생각했습니다. 심지어 혼자 먹을 바에 아예 끼니를 건너뛰는 사람도 많았죠. 시대가 변해 이제는 혼자만의 시간을 가질 수 있고, 자유롭게 자기 입맛에 맞는 음식을 자기만의 속도로 즐기는 혼밥족이 늘고 있습니다.

이처럼 혼자 밥 먹고, 혼자 영화 보고, 혼자 술 마시고, 혼자 여행을 다니는 문화가 성행하는 이유는 1인 가구의 증가와 깊은 관련이 있습니다. 한국 사회는 이미 핵가족을 넘어 '나노 가족' 사회에 접어들었죠. 비혼족이 늘어나고, 결혼 후에도 맞벌이는 당연하며, 학업이나 취업 준비 등을 위해 혼자 사는 사람이 많아졌기 때문입니다. 1인 가구 혼밥족이 증가하면서 냉장고의 트렌드도 변화하고 있습니다. 즉 무조건 용량이 큰 냉장고를 경쟁적으로 선보이던 데서 벗어나 1인 가구를 공략하기 위한 맞춤형 냉장고들도 속속 등장하고 있으니까요.

1인 가구 증가 및 혼밥 문화의 확산 속에서 최근 수년간 무섭게 성장한 먹거리 시장이 있습니다. 바로 편의점 음식과 '가정간편식(HMR, Home Meal Replacement)' 시장입니다. 이러한 새로운 먹거리 시장이 성장할 수 있었던 것 또한 냉장고와 깊은 관련이 있습니다. 바로 뒤이어 설명할 콜드체인에 관해 이야기에서 좀 더 자세히 살펴보겠지만, 냉장유통 덕분에 생산 단계부터 최종적으로 소비자에게 이를 때까지 신선도를 일정하게 유지할 수 있게 되었으니까요.

한동안 편의점 음식은 삼각김밥이나 핫바처럼 그저 저렴한 가격에 간단하게 요기나 때울 수 있는 먹거리가 주를 이루었지만, 요즘엔 제법 그럴듯한 한 끼 식사로 진화했습니다. 또 업체 간 경쟁이 본격화되면서 프리미엄 도시락도 등장했죠. 도시락뿐만이 아닙니다. 가정에서 매끼 번거롭게 조리해야 하는 부담을 덜어줄 다양한 종류의 가정간편식도 맘만 먹으면 얼마든지 쉽게 구할 수 있습니다. 해동이나 비교적 간단한 조리만으로도 음식을 먹을 수 있도록 식자재를 제조 · 가공 · 포장해 놓은 식품을 말합니다. 예컨대 냉장고에서 꺼내 바로 전자레인지에 데워 먹을 수 있는 즉석조리 식품부터 손질된 식자재와 양념을 패키지로 포장해서 파는 밀키트 등 그 종류도 다양합니다. 한때 "인스턴트 식품은 무조건 건강에 나쁘다."는 생각이 지배적이었습니다. 하지만 가정간편식이 다채롭게 진화하면서 정성이 가득한 엄마 손맛, 고향의 맛 등을 표방하는 제품마저 등장하여 이런 고정관념 또한 조금씩 바뀌고 있습니다.

03 냉장고의 냉장고

냉장고, 콜드체인 전성시대를 열다

인류가 처음 등장했던 때는 자급자족의 시대였습니다. 아마도 배가 고프면 직접 먹을거리를 찾아서 사냥이나 채집을 통해 얻었겠죠. 하지만 사냥이나 채집이 마음처럼 쉬운 일도 아니고, 남은 음식을 오래 보관할 방법도 마땅치 않았을 테니, 대체로 그날 얻은 먹거리는 남김없이 먹어 치웠을 것입니다. 이후 농경사회가 본격화되면서 사람들은 무리를 지어 정착하고, 자신들이 이룬 공동체 안에서 함께 경작하고 수확했습니다. 공동 경작을 통해 생산량이 늘어나자 그때그때 다 먹지 못하고 남는 음식물도 생겨났을 것입니다. 그래서 좀 더 오래 음식을 보관할 방법을 연구했고, 앞서 살펴본 건조나 발효 등 경험적으로 터득한 방식에 의존해 먹거리를 저장했습니다.

이처럼 아주 오랜 세월 인류는 주로 자신들이 머무는 지역에서 생산된 먹거리를 중심으로 소비하는 생활을 이어왔습니다. 물론 과거에도 '진상(進上)'이라는 형태로 각 지역에서 생산된 토산품을 먼 거리에 떨어진 왕족이나 고위 관리에게 바치기도 했지만, 대다수의 서민들에게는 꿈같은 이야기였죠. 또한 배를 이용하여 다른 나라로 먹거리가 유통되는 경우도 있었지만, 냉동 · 냉장기술 발달 이전까지는 먼 거리를 오랜 시간 이동해야 하는 만큼 품목이 제한적일 수밖에 없었습니다. 대체로 실온에서 오래 보관해도 잘 변질되지 않는 차, 소금, 향신료와 같은 물품이 대부분이었고, 신선도가 중요한 먹거리는 장거리 이동의 엄두를 내지 못했습니다. 신선도를 유지하려면 낮은 온도를 일정하게 유지해야 하는데, 이것이 기술적으로 불가능했기 때문이죠.

신선도와의 전쟁, 콜드체인의 발전사

◦ ◦ ◦

현대적인 냉장고, 즉 일정한 온도로 냉장과 냉동이 가능한 장치가 개발되기 전까지는 먹거리를 포함해 지역에서 생산한 것들을 그 지역 안에서 주로 소비하는 방식으로 유통되었습니다. 하지만 이제는 지역 안에서 모든 생산과 소비가 이루어지는 시대가 아닙니다. 특히 농축산물의 경우에는 빠르게 진행된 공업화로 인하여 많은 대도시에서는 농축산물을 소비만 할 뿐, 이를 더 이상 생산하지도 않습니다. 심지어 이제는 자유무역 시대로 지역을 넘어 아예 나라 간 소비와 유통이 자유롭게 이루어지고 있습니다. 이 모든 것이 가능해진 것은 다름 아닌 냉장고, 좀 더 정확하게 말해 냉장 · 냉동기술의 발달과 깊은 관련이 있죠.

통조림 햄이나 참치 같은 가공식품은 실온에서도 꽤 오랜 시간 보관할 수 있습니다. 하지만 농축수산물의 경우 수확한 순간부터 빠르게 품질이 떨어지기 시작합니다. 콜드체인(cold chain)이란 "차갑게 냉장 냉동하는 과정을 통해서 보관하고 포장하고 유통까지 하는 것"을 가리키는 말인데, 음식물을 포함하여 어떤 제품이든 간에 소비자에게 도달하는 동안 일정한 온도를 유지함으로써 최적의 품질을 유지한 상태로 받아보게 하는 것이 중요합니다. 따라서 수확 당시의 신선도가 소비자에게 이를 때까지 최대한 유지시키는 것이야말로 콜드체인의 관건입니다. 따라서 기술의 핵심은 냉장고, 즉 냉장 · 냉동기술에 달려 있죠.

콜드체인 기술은 1940년대부터 상업적으로 적용되기 시작했습니다. 초기에는 단순히 냉장고와 유사한 공간에 신선식품을 보관하여 운송하는 형태였죠. 그러던 것이 점차 기술이 발달하면서 식품을 넘어 점점 더 다양한 분야로 콜드체인이 확대되고 있습니다. 좀 더 강력한 온도조절 기능을 갖춘 냉장, 냉동고를 탑재한 차량이나 심지어 바다 건너까지도 운송 및 유통이 가능한 수준으로 기술이 발전하게 된 것입니다.

코로나19의 팬데믹 또한 콜드체인의 빠른 확산에 영향을 미쳤죠. 비대면 체제가 일상화되면서 인터넷 쇼핑이 크게 증가했기 때문입니다. 사실 요즘에도 주말을 맞이해 대형마트에 온 가족이 출동해 장을 보기도 하지만, 사람들로 북적이는 실내일수록 감염 위험도가 높은 만큼 요즘에는 인터넷 쇼핑으로 대신하는 경우도 많습니다. 특히 신선식품을 인터넷으로 배송받는 사람들이 크게 늘었습니다. 전날 주문한 먹거리를 산지에서 신선한 상태로 새벽에 받아보는 거죠. 여러분도 어쩌면 집에서 과일이나, 채소, 냉장이나 냉동식품을 배달시켜 먹고 있을지도 모르겠습니다. 코로나19 팬데믹은 안 그래도 확장세에 있던 온라인쇼핑 시장에서 콜드체인 비중을 빠르게 높이는 데 기여하고 있습니다.

콜드체인, 어떤 것들이 있을까?

○ ○ ○

뭔지 모르게 어렵고, 거창한 것 같다면, 콜드체인의 쉬운 사례를 들어보겠습니다. 바로 아이스팩입니다. 여러분도 좋아하는 31가지 맛으로 유명한 아이스크림 집에서 아이스크림을 살 때, 포장해 달라고 하면 목적지까지 얼마나 걸리는지 시간이나 거리를 물어보고 아이스팩을 넣어줍니다. 도착해서 먹을 때까지 아이스크림이 녹지 않도록 하기 위함입니다. 이 또한 엄밀히 말해 콜드체인의 한 사례입니다. 아이스팩을 이용해 아이스크림의 품질을 일정 시간 매장의 상태와 동일하게 유지시켜주는 것이니까요. 또 온라인쇼핑으로 신선식품을 주문했을 때 배송 상자에 아이스팩을 함께 넣어 보내주는 것 또한 비슷한 이유라고 할 수 있습니다. 하지만 이 아이스팩이 최근 환경문제를 일으키고 있다는 지적과 함께 친환경 아이스팩이나 얼음팩 등으로 대체되고 있죠.

콜드체인의 핵심은 뭐니 뭐니 해도 제품의 신선도 유지입니다. 신선도가 떨어진 제품을 원하는 소비자는 없으니까요. 특히 장거리로 배송되는 과정에서 혹시라도 상품이 변질되면 안 되기 때문에 배송 차량 또한 항시 일정 온도를 유지해야 합니다. 차량에 냉장·냉동시설 전용 배터리나 센서를 탑재하여 차량이 멈춰 있을 때도 냉장이나 냉동 장치가 꺼지지 않도록 하는 것입니다. 여러분이 학교나 학원을 다녀오다 출출할 때 자주 먹곤 하는 핫바나 삼각김밥, 도시락 등 다양한 편의점 간편식들도 이러한 콜드체인 방식으로 유통되고 있는 대표적인 먹거리들입니다. 생산된 순간부터 유통 과정 및 여러분의 선택을 받기까지 일정한 저온을 유지하니까요.

앞서 얘기했던 '먹거리의 세계화'를 기억할 것입니다. 오늘날 지구 반대편에서 생산된 농산물, 축산물 등이 우리 동네 마트에 전시, 판매되어 우리 밥상에 오를 수 있는 것 또한 콜드체인 덕분입니다. 이 중심에 냉장고의 발달이 큰 역할을 차지하고 있죠. 다만 철저한 콜드체인 유통이 가능하려면 신선도를 유지하는 냉장·

냉장 기술이 탑재된 차량 등과 같은 운송수단은 물론이고, 창고나 물류센터 등에도 냉장·냉동 시스템을 갖춰야 하는데, 사실 이는 매우 고비용 시스템이라 영세업체에서 감당하기 힘듭니다. 우리나라의 경우 콜드 시스템을 갖춘 곳은 전체 먹거리 시장에서 일부, 즉 주로 대기업을 중심으로 이루어지고 있습니다. 설비 투자에 드는 비용을 감당하기 힘든 영세업체들은 여전히 오토바이나 심지어 손수레 배송까지 이용하고 있는 형편이죠.[1]

날로 확산되는 콜드체인의 영향력

○○○

콜드체인사업은 거대 자본과 인력 투자가 가능한 집약적 농업기술의 발달과 함께 선진국의 농산물들 수요 확대에 따라 점점 더 크게 확장되고 있습니다. 그뿐만이 아닙니다. 첨단 기술의 발전과 함께 냉장, 냉동기술, IT기술이 나날이 발전하고 있고, 인터넷 쇼핑몰과 같은 전자상거래(e-commerce)가 종목을 가리지 않고 확대되는 데 따라 점점 더 영역을 넓혀나가고 있습니다. 자타공인 IT 강국인 우리나라 또한 콜드체인 분야에서 상당한 경쟁력을 갖추고 있다고 할 수 있죠.

1. 하상도, 〈하상도칼럼(249) 뜨는 콜드체인, 불량 먹거리 문제 해결 대안〉, 《식품음료신문》, 2015.12.07. 기사 참조

혹시 블록체인이라는 말을 들어보았나요? 어쩌면 비트코인이나 암호화폐라는 말로 먼저 접했을 수도 있습니다. 비트코인과 같은 암호화폐의 기본을 이루는 것이 바로 블록체인 기술입니다. 블록체인이란 영어의 블록(block)과 체인(chain)을 결합한 단어로 이름에서 짐작할 수 있듯이 일종의 공공거래 장부와도 같은 개념인데, 거래에 참여한 모든 사용자가 거래내역이 블록 형태로 생성되면서 이를 공유하는 방식으로 제3자에 의한 무분별한 장부 조작을 불가능하게 하는 기술입니다. 쉽게 말해 블록체인은 거래기록이 저장된 거래장부이고, 이 장부가 거래 당사자들에게 모두 공개되는 분산 거래장부 방식입니다. 특정 관리자나 주인이 없는 상태로 P2P방식으로 작동하기 때문에, 모든 거래 당사자가 일종의 관리자가 되는 셈입니다. 따라서 양자컴퓨터가 일반화되지 않은 현재 상태에서는 거의 해킹이 불가능한 시스템을 간주됩니다.

그런데 최근 이러한 블록체인을 사용한 콜드체인 시스템들도 도입되는 추세입니다. 대표적으로 콜드체인망 IoT 배송관리 시스템을 들 수 있습니다. 예컨대 고객이 신선식품을 주문하면 최종목적지까지 해킹이나 보안문제, 또는 주문 착오나 위조나 변조 등의 걱정 없이 주문자에게 무사히 도달할 수 있는 거죠.[2] IOT에 관한 내용은 이후 과학기술에서 좀 더 살펴볼 것입니다.

2. 이재구, 〈넷매니아, 블록체인 활용한 콜드체인 솔류션 내놓는다〉, 《전자신문》, 2018.7.2. 기사 참조

이제 콜드체인은 단순히 품질이 상하지 않도록 적정 저온 상태를 유지하여 먹거리를 유통하는 방식을 넘어 과학기술, 프로세스 등의 여러 분야를 총망라한 거대한 종합 산물로 이해해야 합니다. 이를 반영하듯 유통 과정에서 제품이 최선의 상태를 계속 유지되고 있는지에 대한 추적 관찰까지도 가능한 체계적인 첨단 콜드체인 시스템들이 속속 개발되고 있죠.[3]

콜드체인은 굳이 먹거리뿐만 아니라 신선도 유지가 중요한 품목들에 대해 모두 적용될 수 있습니다. 예컨대 수혈이 필요하거나 장기이식 등을 위해 혈액과 장기 등을 운송할 때도 콜드체인 시스템이 적용되어 수여자에게 전달될 때까지 최적의 상태를 유지할 수 있죠. 또 온도에 민감한 다양한 의약품 수송에도 콜드체인이 중요한 역할을 담당하고 있습니다.

특히 최근에 콜드체인이 더욱 주목받게 된 것은 아마도 백신 때문일 것입니다. 우리나라도 코로나19 백신이 처음 들어오기 전에 백신 모의수송 훈련을 하는 모습을 공개하여 눈길을 끌기도 했죠. 특히나 접종 전까지 백신이 품질과 효능을 유지하기 위해서는 일정 수준의 저온 상태를 계속 유지하는 것이 중요했기 때문에 당연히 콜드체인 시스템의 역할이 중요했습니다. 품질이 훼손되어 예방 효능이 현격히 떨어지고 나아가 변질되어버린 백신을 시민들

3. 이원국, 〈'콜드체인' 단순한 저온유통 아닌 여러 분야의 종합산물〉, 《헬스경향》, 2021.2.23. 기사 참조

#지굿지굿_#코로나19_#백신은_#냉장고가_지킨다!

에게 접종하도록 할 순 없으니까요. 게다가 여러 코로나19 백신 중에서 특정사 제품은 극초저온을 유지해야 하는 문제로 인해 새삼 극초저온냉동창고가 주목을 받게 되었죠. 무엇보다 지금과 같은 체계적인 콜드체인 시스템이 마련되지 않았다면 코로나19 백신처럼 초저온을 유지해야 하는 백신이 전 세계 각국으로 이송되고, 또 각 나라 국민들에게 접종까지 이루어진다는 것은 실현 불가능했을 것입니다. 그러니 냉장고는 이제 세계인의 건강과 생명을 보호하는 데 있어서도 빼놓을 수 없는 중요한 역할을 수행하고 있다고 할 수 있습니다.

2003년부터 2013년까지 약 10년간 전 세계 화물거래량은 약 5천만 톤으로 증가했고, 글로벌 콜드체인 시장의 매출 규모 또한 6년간 2배 이상 성장한 1,570억 달러 수준으로 나타났습니다. 거기에 멈추지 않고 이제 글로벌 콜드체인시장은 2020년을 기준으로 약 2,240억 달러 수준으로 매년 약 15%씩 성장하고 있고, 2026년에는 거의 2배 수준인 4,380억 달러에 이를 것으로 예상된다고 합니다.[4] 이는 한화로 503조를 훌쩍 넘는 가히 천문학적 규모입니다.

이처럼 콜드체인 기술이 나날이 발전하면서 이와 관련된 업체들의 기업가치도 함께 크게 올라가고 있습니다. 다만 우리나라의 경우 콜드체인과 관련해 뛰어난 기술력은 갖추고 있지만, 상대적

4. 홍시현, 〈(기획)콜드체인, 연평균15%성장〉, 《투데이에너지》, 2021.5.24. 참조

으로 기술을 실현해 내기 위한 자본력이 부족한 영세업체가 많다고 합니다. 따라서 기술력을 갖춘 우수한 기업이 자본 때문에 포기하지 않고 우수한 기술력으로 당당히 승부할 수 있도록 지원하고 육성하는 정책도 반드시 필요합니다. 앞으로의 성장 가능성을 볼 때, 콜드체인의 경제적인 잠재력은 무궁무진하다고 평가할 수 있을 것입니다.

04 냉동식품

냉동식품, 전 세계 식품시장을 점령하다

앞서 우리는 콜드체인을 통해 식품은 물론 다양한 품목들에 대한 저온유통의 놀라운 발전사에 대해 살펴보았습니다. 온도가 변화함에 따라 품질의 변화가 일어날 수 있는 농산물, 축산물, 수산물 및 다양한 식료품 등은 물론 의약품에 이르기까지 온도 관리가 필수인 모든 제품의 유통 과정 전반에 저온유통 시스템인 콜드 체인이 적용되고 있죠.

산지에서 갓 생산된 단계부터 유통단계의 전 과정과 최종 소비자에게 이르기까지 최선의 신선도를 유지할 수 있는 촘촘한 콜드체인 시스템 덕분에 이제 지구 곳곳에서 생산된 먹거리들까지도 우리 주변에서 쉽게 접할 수 있는 세상이 되었습니다. 콜드체인 하면 빼놓을 수 없는 먹거리 중 하나가 바로 냉동식품일 것입니다. 최근 들어 냉동식품의 발전이 더더욱 두드러지고 있습니다.

코로나19, 냉동식품 시장에 활력을 불어넣다

○ ○ ○

무엇보다 1인 가구의 눈에 띄는 증가와 코로나19의 장기화 영향까지 더해지며 조리 부담을 덜어주며 간편하고 맛있게 먹을 수 있는 냉동식품의 인기가 날로 더 높아지고 있습니다. 그리고 글로벌 시대에 우리나라의 다양한 먹거리가 전 세계인에게 점점 더 높은 인지도를 쌓고 있는데, 이러한 K-푸드의 인기를 견인하는 것들 중 하나가 다름 아닌 냉동만두로 알려져 화제가 되었습니다. 우리 만두가 만두 종주국인 중국식 '덤플링'이나 일본식 '교자'의 인기를 압도하며 전 세계인의 입맛을 사로잡고 있다고 하니까요. 냉동만두가 국위선양을 톡톡히 하고 있는 셈이죠.

과거 냉동식품이라고 하면 이러한 냉동만두나 냉동돈까스 정도를 떠올렸지만, 이제 마트 냉장고를 열어보면 간식, 반찬, 국, 찌개 등 일일이 열거할 수 없을 만큼 온갖 종류의 냉동식품과 가정간편식(HMR)이 즐비합니다. 종류만 다양한 것이 아니라 '맛' 측면에서도 진화를 거듭하여 까다로운 소비자들의 입맛을 공략하며 밥상을 점령해가고 있죠. 특히 에어프라이기가 주부들의 만능가전으로 빠르게 자리를 잡으면서 냉장고에 보관했다가 에어프라이기로 바로 간편하게 조리할 수 있게 만들어진 냉동식품의 출시가 최근 수년간 줄을 이었습니다. 우리나라 냉동식품 시장은 이미 2015년에 1조 5천억 원대를 넘어섰습니다. 이러한 성장세에 더해 최근 코로나19 장기화와 함께 외식이 어려워지면서 가정에서 간단히 끼니를 때울 수 있는 냉동식품이나 가정간편식 수요가 크게 늘어나면서, 2022년이면 가정간편식 시장만도 5조 원 이상이 전망됩니다.[5] 전 세계적으로도 냉동식품 시장은 나날이 성장하고 있습니다. 미국의 냉동식품 매출액은 2018년 기준으로 570억 달러 규모로 추산되며, 미국과 패권다툼을 벌이고 있는 중국 냉동식품 시장의 경우 2019년 기준으로 1,467억 위안에 이른다고 하는데, 이는 원화로 약 26조에 가까운 실로 엄청난 규모입니다.

냉동식품의 아버지, 얼려 먹는 시대를 열다

지금이야 마트 냉장고를 열면 손쉽게 다양한 냉동식품을 구매할 수 있지만, 언제나 처음은 있는 법입니다. 음악의 아버지는 '바흐'죠? 그런데 여기 냉동식품의 아버지라 불릴 만한 사람이 있어 여러분에게 소개하려고 합니다. 바로 미국의 클래런스 버즈아이(Clarence Birdseye, 1886~1956)라는 사람입니다.

버즈아이는 오늘날의 급속 냉동식품을 탄생시킨 사람으로 알려져 있습니다. 생물학 전공자인 그는 원래 미국 농무부에서 생물

5. 한국농수산식품유통공사(aT) 참조(https://blog.naver.com/kfilee235/222273197681)

표본을 수집하는 일을 했다고 합니다. 업무차 알래스카를 방문했을 때 버즈아이는 에스키모인들이 갓 잡은 생선을 그날 바로 먹는 것이 아니라, 곧바로 얼린 뒤 수개월씩이나 보관해두었다가 요리하는 모습을 보게 된 거죠. 버즈아이는 '아, 여기 사람들은 이런 식으로도 먹는군…' 하고 생각하는 데 머물지 않고, 여기에서 냉동식품의 아이디어를 떠올렸습니다. 생물학 전공자인 그는 '생물을 갓 잡은 상태에서 순식간에 저온 냉동시킨다면 세포 손상이 거의 없이 보존할 수 있을 것'이라는 가정하에 실험을 진행했습니다. 그리고 연구에 매진한 결과 1925년에 급속냉동 기계를 발명하고, '제네럴시푸드사'를 설립해 해산물을 급속냉동시킨 냉동식품을 상품화한 거죠.

버즈아이는 더 나아가 냉장고의 성능을 계속 업그레이드시키며 처음에는 해산물 중심으로 급속냉동을 하던 것에서 소고기와 돼지고기, 채소와 과일 등으로 냉동식품의 종류를 확대하기에 이르렀습니다. 이러한 냉동기술은 식품을 더 오래, 더 멀리 유통시키는 데 기여하며, 말 그대로 '식탁의 혁명'을 일으키게 됩니다. 버즈아이가 급속냉동을 통해 식품을 냉각시키는 특허를 출원하면서 밝힌 내용을 소개하면 다음과 같습니다.

> "신선한 식품을 포장 및 냉동하는 방법으로 음식을 장기간 보존하면 해동했을 때도 원래의 냄새와 촉감 및 색깔을 유지할 수 있다."

쓰레기 음식에서 환골탈태한 냉동식품들

○○○

비록 냉동식품이 세계인의 식탁에 엄청난 혁명을 일으킨 것은 사실이지만, 안타깝게도 아주 오랫동안 냉동식품에 대해서는 일종의 꼬리표 같은 것이 늘 따라다니곤 했습니다. 그건 바로 편리하긴 하지만 몸에는 별로 좋을 게 없는 **정크푸드**(junk food)라는 부정적 낙인이었죠. 특히 햄버거 프렌차이즈들이 주로 사용하는 냉동패티와 냉동감자를 활용하여 만든 햄버거나 감자튀김 등이 인간의 건강에 해로운 대표 식품 목록을 꼽을 때면 거의 빠지지 않고 거론되다 보니 사람들은 어느새 '냉동식품=저질식품'이라는 인식을 머릿속에 선명하게 새기게 되었는지도 모릅니다. 특히 날로 늘어나는 건강식 수요와 웰빙 바람을 타고 유기농 식품에 대한 선호가 높아지면서 상대적으로 냉동식품은 열량만 높고 영양가는 낮은, 편리하지만 허접한 먹거리로 치부되기 일쑤였습니다.

하지만 최근 들어 냉동식품에 대한 인식도 조금씩 달라지는 추세입니다. 무엇보다 코로나19 팬데믹의 장기화로 외식을 하기에도 여의치 않고, 그렇다고 각 가정에서 매끼 요리하기도 번거로운 상황에서 간편하게 조리하여 편리하게 끼니를 때울 수 있는 냉동식품이 주목을 받게 된 것입니다. 특히 학생들이 학교에 가지 않고 가정에서 온라인 수업을 받아야 하는 날도 생겨남에 따라 점심 한 끼나 간식용으로 에어프라이기 등으로 쉽게 조리할 수 있는 냉동식품의 인기는 더더욱 높아졌습니다. 이러한 인기에 부응하여 식품업계 또한 기존 냉동식품이 가지고 있던 고정관념에서 탈피하기 위해, 좀 더 건강하고 좀 더 질적으로 업그레이드된 프리미엄 냉동식품을 개발하려고 노력한 결과 점점 더 다양한 맛과 종류의 냉동식품들을 만나볼 수 있게 되었습니다.

365일 30분 배달 스타트업 기업인 미국의 온라인 식품배달업체 고퍼프(goPuff)는 2020년 기준으로 기업가치 4.5조 원의 잭팟을 터뜨린 바 있습니다.[6] 이 기업은 미국의 500개 이상의 도시로 의사의 처방전 없이 구매할 수 있는 다양한 의약품을 포함해 이유식, 아이스크림, 술 등을 배달하죠. 고퍼프에서 2020년 코로나19 팬데믹 후 소비재 기업이 주목해야 할 5가지 트렌드를 조사하였는데, 이 5가지 중에서 '냉동식품'의 성장세를 주목했습니다. 고퍼프는 오랜 시간 신선식품에 밀려 있던 소비자들의 관심이 냉동식품으로 돌아서고 있고, 부정적 인식 또한 예전에 비해 줄었다고 하면서 이것이 실제 소비율의 눈에 띄는 증가로 나타나고 있다고 밝혔죠.

음식을 얼려서 먹을 수 있다는 건 여러모로 장점이 있습니다. 예컨대 제품을 비교적 신선한 상태로 오랜 시간 보관할 수 있다 보니, 먹을 만큼만 녹이고 나머지는 보관하여 불필요한 음식물 쓰레기를 줄일 수 있는 장점이 있습니다. 비단 냉동 가공식품뿐만

6. 송주상, 〈365일 30분 배달 스타트업 고퍼프, 기업가치 4.5조원 '잭팟'〉, 《iTChosun》, 2020.10.12

아니라 얼린 채소나 과일 등의 인기가 급등하는 모양새입니다. 미국의 시장조사기관인 닐슨에 따르면 2018년 10월을 기준으로 판매된 냉동식품의 종류를 조사한 결과에 따르면, 냉동피자 4.8%, 디저트 3.9%, 해산물 3.2%, 즉석식품 3%씩 매출이 각각 향상된 것으로 나타났고, 같은 기간 미국에서 냉동 채소의 수입이 7% 증가했고, 판매량 또한 4% 증가한 것으로 나타나, 냉동식품의 인기가 예전처럼 단순히 가공식품에 머물지 않고 다양한 품목으로 확산되어가는 것을 잘 보여줍니다.

이와 같은 냉동식품 종류의 다양화는 소비자들의 서로 다른 입맛을 공략하는 데도 유효하게 작용할 것으로 보입니다. 앞으로도 냉동식품 시장은 더더욱 확산될 전망이며, 인공지능의 발전과 한층 체계화된 콜드체인 시스템의 결합으로 각 식품의 종류에 맞게 최적의 상태로 보관 및 유통할 수 있게 될 것입니다. 예컨대 품목에 따라 적정 보관정보를 생성하고, 생성된 정보에 따라 맞춤형 유지, 보관 및 관리를 통해 소비자들에게 도달할 때까지 최상의 상태를 유지[7]함으로써 한층 질 높은 냉동식품을 만나게 될 것으로 기대합니다.

7. 박철근, 〈네오시스템즈, 인공지능(AI)기반 콜드체인 의약품 창고관리시스템 특허출원〉, 《이데일리》, 2020. 9.17 기사 참조

05 부의 불평등

초고가 냉장고의 등장이 말해주는 것들

한쪽에서는 기나긴 불황 속에서 시름에 젖은 탄식의 목소리가 커지는 것과 대조적으로 한쪽에서는 흘러넘치는 부를 주체할 수 없는 듯 엄청난 소비력을 과시하기도 합니다. 냉장고와 경제발전에 관한 이 장을 마무리하기 전에 이 기묘한 현상에 대한 이야기를 덧붙이고자 합니다. 언제부터인가 드라마나 광고를 보면 꽤 럭셔리한 자태를 뽐내는 냉장고들을 자주 보게 됩니다. 얼핏 보기에도 우리 집에서 늘 보던 평범한 제품과는 어딘지 모르게 달라 보입니다. 이러한 고가의 프리미엄 라인은 비단 냉장고뿐만이 아닙니다. 텔레비전, 세탁기, 청소기 등 프리미엄 가전에 대한 높은 수요는 이미 수년 전부터 두드러지게 나타나고 있습니다. 소위 불황 속에서도 끄떡없는 고소득층 소비자를 주요 마케팅 대상으로 한 제품들입니다.

전 세계적으로 불황의 장기화 속에서 일자리의 불안정과 함께 청년 실업률이 크게 증가하면서, 젊은층에서는 사회, 경제적 압박으로 인해 결혼과 연애, 출산, 주택 구매 등을 엄두도 내지 못한 채 포기해버리는 소위 N포세대라는 자조적 말까지 세간에 떠돌게 되었습니다. 아이러니하게도 오랜 불황 속에서 자본의 힘은 오히려 더더욱 거대해지며 부자들만 계속 더 부자가 되는 부의 불평등이 날이 갈수록 깊어지고 있습니다. 이와 반대로 소위 중산층으로 불리던 소득 중류계층의 경제적 기반은 점차 약해지면서 서민층이 큰 폭으로 늘어났죠. 소수의 부자에게 부가 집중되는 쏠림 현상은 안타깝게도 앞으로도 쉽게 바뀌지 않을 전망입니다.

불황을 모르는 상류층 소비자를 공략하라

○ ○ ○

시장에서 자본의 흐름을 가장 민감하게 주시하며 잡아내는 곳은 어디일까요? 아무래도 영리 추구를 목적으로 하는 집단인 기업이 대표적일 것입니다. 기업들은 높아진 경제 수준, 전반적인 라이프스타일의 변화 등과 이러한 흐름에 따른 소비자들의 취향, 욕구(Needs) 변화 등에 주의를 기울이며, 이를 상품 개발 및 마케팅에 적극적으로 반영합니다. 특히 불황이 장기화되자 기업들은 불황 속에서도 끄떡없는, 오히려 한층 더 왕성해진 소비력을 자랑하는 부유층을 대상으로 한 마케팅에 심혈을 기울이고 있습니다.

그래서인지 몰라도 냉장고를 포함한 가전제품 시장에서도 이러한 부유층 공략 마케팅이 두드러지게 나타납니다. 이는 비단 국내 기업뿐만 아니라 해외의 유명 프리미엄 가전 브랜드들도 큰손 소비자들을 공략하는 데 한층 집중하고 있습니다. 특히 주방가전 시장과 가전업계에서 '프리미엄' 라인은 기업의 매출 불황을 타개할 성장동력으로 떠오르고 있죠. 여기에 최근 코로나19 팬데믹의 장기화로 인해 집안에서 머무는 시간이 길어짐에 따라 부유층뿐만 아니라 인테리어에 관심을 기울이는 사람들이 늘어나면서 다양한 기능을 갖추면서도 외관이 아름다워 인테리어 효과까지 기대할 수 있는 제품들을 속속 선보이고 있으며, 이것이 소비자들의 큰 호응을 얻고 있습니다.

그리고 맞춤 제작 설치되는 초고가 빌트인 가전시장 또한 빠르게 성장하고 있습니다. 몇백만 원 수준을 넘어 무려 수천만 원대에 이르는 냉장고들까지도 프리미엄 가전이라는 명분으로 불황 속에서도 잘 팔려나가고 있다고 합니다. 실제로 글로벌 프리미엄 빌트인 가전시장은 2019년을 기준으로 연 50조 원 규모를 넘는 것으로 추정되고, 우리나라도 연 1조 원 정도[8]라고 합니다. 그저 집에 냉장고 한 대만 있어도 더 바랄 것 없이 행복할 것 같았던 세상

8. 서예진, 〈냉장고 한 대 수천만원... 삼성-LG, 불황에도 프리미엄가전 공략 '왜'〉, 《시사위크》, 2019.11.11.

#불황에_#더#불티나게_팔리는_#초고가냉장고#부의_#양극화

은 이제 끝나버린 것 같아 다소 씁쓸합니다. 더 비싼 것이 더 좋은 것이라는 생각과 비쌀수록 더 선망하는 사회 분위기 속에서 냉장고 또한 나날이 럭셔리한 진화를 거듭하고 있습니다.

비싸서 안 팔린 게 아니었어?

애리조나대학교 로버트 치알디니(Robert Cialdini) 교수의《설득의 심리학》을 보면 처음에 보석가게 이야기가 나옵니다. 애리조나주에서 보석가게를 운영하는 사람이 있었죠. 이때 관광 성수기를 맞이하여 가게 안은 늘 손님으로 북적였습니다. 때마침 이 가게의 터키옥은 가격이 저렴한데 비해 매우 질 좋은 상품이었죠. 그런데 높은 품질 대비 꽤 합리적인 가격임에도 불구하고 이상할 만큼 잘 팔리지 않았습니다. 너무 판매가 저조하다 보니 결국 가게 주인은 손님들이 넘쳐나는 대목에 어떻게든 터키옥을 팔아서 재고를 처리하겠다는 생각에 지배인에게 반값에 팔라는 메모를 남기고 출장을 떠나죠. 그런데 출장 때문에 바빠서인지 원래 가게 주인이 악필이었는지는 모르겠지만, 글씨를 너무 흘려 쓴 나머지 지배인은 주인의 메모를 잘못 이해하고 말았습니다. 즉 '반값'이 아니라 '2배'의 가격으로 팔라는 뜻으로 이해하고 말았죠. 그런데 지배인이 잘못 이해한 메시지가 오히려 놀라운 반전을 일으킵니다. 왜냐

하면 터키옥의 가격을 2배로 올리기 무섭게 먼지만 쌓여 있던 터키옥이 3일 만에 완판되고 말았으니까요.[9]

2배나 값을 올린 터키옥이 날개 돋친 듯 판매된 이유는 무엇일까요? 그건 소비자에게 '비싼 것=좋은 것'이라는 일종의 고정관념이 작용했기 때문입니다. 전통적으로 사람들로 하여금 기계적인 복종을 일으키는 몇 가지 권위들이 있습니다. 예컨대 높은 지위, 고급 의상 등과 같은 것들이죠. 또한 슈퍼카와 같은 최고급 자동차나 고가의 보석도 이런 종류에 해당합니다. 싸구려 보석으로 아무리 주렁주렁 치장해봐야 이런 복종을 일으키는 권위를 기대할 순 없겠죠? 하지만 고가의 터키옥은 오히려 보석의 주요 구매층에게는 훨씬 더 매력적인 상품으로 다가오며 구매욕을 크게 자극해 소비를 부추겼고, 결과적으로 완판으로 이어지게 된 거죠.

더 고급스럽게, 더 비싸게… 그래서 더 특별하게

○ ○ ○

프리미엄 가전이 인기를 끄는 이유도 이와 비슷합니다. 어정쩡한 가격으로 더 많은 소비자층을 확보하는 전략보다 아예 구매력이 높은 부유층을 사로잡기 위해 '아무나 쉽게 가질 수 없는 특별함'

9. 로버트 치알디니, 《설득의 심리학》(황혜숙 옮김), 21세기북스, 2019 참조

을 앞세운 초고가 제품들이 최근 시장을 선도하고 있죠. 이때 높은 가격은 '특별함'을 보장하는 주요 수단이 됩니다. 즉 '비싼 것=좋은 것', '비싼 것=희귀한 것' 등의 고정관념을 자극하여, 남들과 다른 특별함을 구분 짓고 싶은 부유층의 지갑을 활짝 여는 것입니다.

프리미엄 가전시장의 뚜렷한 성장세는 이러한 마케팅 방식의 효과를 증명해준다고 할 수 있습니다. 하지만 높은 가격을 위해서는 충족되어야 할 전제가 있습니다. 뛰어난 기능은 당연하고, 마치 예술작품을 보는 것처럼 눈길을 사로잡는 아름다운 디자인까지 제품 안에 담겨야 하겠죠? 나아가 천편일률적으로 디자인된 가전이 아니라 남다른 특별함까지 요구됩니다. 그러한 소비자의 까다로운 요구에 부응하듯 취향대로 조합할 수 있는 맞춤형 가전도 최근 인기를 얻고 있죠.

이제 화룡점정은 제품의 격에 맞는 높은 가격입니다. 높은 가격이 소비자들로 하여금 제품의 훌륭한 가치를 신뢰하게 만들며 소비 심리를 더욱 자극하는 거죠. 앞서 얘기한 터키옥이 2배 높은 가격에서 훨씬 더 잘 팔렸던 것처럼 말입니다. 뒤에서 좀 더 다루겠지만, 4차 산업혁명 시대를 맞이하여 인공지능과 사물인터넷의 결합을 통해 가전제품이 스스로 작동하고, 사물 간에 서로 소통하는 시대입니다. 이런 이야기를 들으면 불과 10~20년 전과 비교해도 격세지감이 느껴집니다. 하지만 이런 첨단 부가기능을 장착한 제품들일수록 고가의 제품이 대부분입니다.

종종 머지않은 미래사회의 가정환경을 묘사할 때, 집안의 실내등부터 보일러, 텔레비전, 세탁기, 냉장고, 청소기, 자동차 등이 서로 소통하여 자발적으로 움직이는 모습이 등장하곤 합니다. 미래사회에 펼쳐질 흥미진진한 모습을 대충 머릿속에 그려보다 보면 문득, 과연 모든 사람들이 이런 과학기술 발전의 수혜를 마음껏 누리며 살아가게 될 것인지에 대한 의문을 지우기 어렵습니다. 만약 소수만이 기술의 혜택을 마음껏 누리면서 살 뿐, 나머지 대부분은 그렇지 못하다면 분명 상대적 박탈감을 훨씬 더 크게 느끼게 되지 않을까요? 과거 냉장고가 세상에 나오기 전까지 얼음이 오직 특권층의 전유물이었던 것처럼 말이죠.

최근 주식투자나 부동산, 암호화폐 등을 통해 느닷없이 큰돈을 벌게 된 사람들을 바라보는 평범한 직장인들이 스스로를 가리켜 '벼락거지'라고 칭하고 있다고 합니다. 이 유행어 안에도 웬지 모를 공허함과 상대적 박탈감이 느껴집니다. 상대적 박탈감에 휩싸인 사람들이 많아질수록 사회구성원 간의 이유 없는 불신과 갈등 또한 깊어질 수밖에 없습니다. 나날이 심화되는 부의 불평등과 쉴 새 없이 노출되는 광고나 드라마 속 간접광고에 자연스럽게 등장하며 기능과 디자인을 뽐내고 있는 초고가라인의 냉장고, 텔레비전, 자동차의 모습을 그저 반갑게만 바라볼 수 없는 이유입니다.

이제는 우리 일상생활 곳곳에 인공지능 기술이 스며들 만큼 현대 과학기술의 발전은 그야말로 눈부십니다. 앞으로는 냉장고에 음식을 넣어두면, 냉장고 스스로 사용자의 먹거리 취향 관리 및 사용기한, 소비패턴 등을 분석하여 알아서 척척 주문해줄지도 모릅니다. 이미 냉장고 안의 식품을 실시간으로 확인하고 새로운 식품을 구매할 수 있는 기능이 탑재된 냉장고가 출시되어 있죠. 하지만 그것으로 끝이 아닙니다. 냉장고의 잠재적 능력을 그리 만만하게 봐서는 곤란합니다. 이 장에서는 먼저 냉장고의 과학적 원리를 살펴보는 것에서 시작하려고 합니다. 그후 사물인터넷, 인공지능, 그리고 냉동인간에 이르기까지 이제부터 냉장고와 함께 과학의 미래를 탐색하며 마음껏 상상력을 발휘해보도록 합시다.

4장

"냉장고, 과학과 함께 진화하다!"

냉장고와 과학기술

01 기화열

냉장고에 숨은 과학 원리를 찾아라!

요즘에는 일반 냉장고와 김치냉장고를 각각 보유하고 있는 가정이 많습니다. 아예 일반 냉장고만 2대 이상 보유하고 있는 가정도 더러 있죠. 심지어 화장품냉장고, 와인냉장고 등 보관하는 물건에 맞게 최적 온도를 유지하는 다양한 냉장고를 필요에 따라 들여놓기도 합니다. 냉장고는 여러분이 태어나기 훨씬 전부터 존재해온 물건이고, 여러분의 집 주방이나 가까운 편의점, 마트 등 주변 어디를 가도 흔하게 볼 수 있는 만큼 냉장고를 신기한 시선으로 바라본 적은 별로 없을 것입니다. 요즘에는 인공지능 IoT(Internet of Things) 기술을 결합한 똑똑한 냉장고들도 나오고 있어 잠시 신기한 시선으로 바라보기도 하지만, 냉장고 자체는 여러분에게 별로 흥미로울 것 없는 따분한 물건일지 모릅니다. 물론 출출할 때를 빼면요.

냉장고 안은 왜 시원할까?

◦◦◦

이 책을 시작하면서 조상들이 사용해온 냉장고의 전신이라 할 만한 것들을 살펴본 바 있습니다. 예컨대 겨울에 만들어진 얼음을 채취해 여름까지 녹지 않도록 보관할 수 있는 기술은 꽤 오래전에 알아냈죠. 우리나라의 경우 삼국시대 때부터 '징빙(徵氷)'의 기록이 남아 있습니다. 겨울에 얼음을 깨서 석빙고로 이동해 보관했던 거죠. 왕의 장례 등에 시신이 일정 기간 부패하지 않도록 하는 데 얼음을 사용했다고 합니다. 하지만 자연상태의 얼음을 보관했다가 사용한 것일 뿐, 인공적으로 얼음을 얼리는 능력은 없었죠.

사계절 내내 인공 얼음을 얼리는 기술은 근대 과학기술 발전한 이후이므로 고작 100년 정도입니다. 그런데 과학기술의 발전 속도는 날이 갈수록 더더욱 빨라지고 있는 것 같습니다. 2050년 미래에는 냉장고 문을 열어 먹거리를 수납하는 방식에서 벗어나 고체화에 가까운 젤 타입으로 젤 안에 손을 넣어 물건을 수납할 수 있는 냉장고도 나올 거라는 얘기를 접했습니다. 바이오 기계를 통해서 젤 자체가 일정한 온도를 유지할 뿐만 아니라 각 음식물마다 맞춤형 적정 온도를 유지할 수 있을 거라고 합니다.[1] 참 신기한 기능이기는 한데, 어쨌든 아무리 미래의 냉장고라도 주요 기능은 역

1. 2050년 미래의 냉장고? 바이오 로봇 냉장고 미리보기! https://blog.naver.com/ykg2004/222052795947 참조

시 차갑게 일정한 온도를 유지하는 거겠죠?

그럼 혹시 냉장고가 어떻게 차가운 온도를 유지하는지 알고 있나요? 전기로 유지한다고요? 네, 틀린 답은 아닙니다. 하지만 전기만 통한다고 다 차가움을 유지할 수 있는 기계가 만들어지는 것은 아니죠? 세상의 온갖 전자제품이 모두 얼음을 만들어낼 수 있는 건 아니니까요. 따라서 전기를 흘림으로써 어떤 과학적 원리가 계속 작동되도록 작용하고 있다고 봐야 합니다. 그 원리, 혹시 궁금해한 적이 있나요?

냉장고가 음식을 차갑게 만드는 비밀은 바로 기화라는 원리입니다. 이미 과학시간에 배운 적이 있을지도 모르고, 아예 단어 자체가 생소한 사람도 있을지 모르겠군요. 일단 기화가 뭔지 잠깐 알아볼까요? 기화란 "액체 상태의 물질이 기체 상태로 바뀌는 현상"을 의미합니다. 액체가 기체로 바뀌는 방법은 크게 2가지가 있습니다. 하나는 열을 가해 펄펄 끓임으로써 끓는점에서 기화가 일어나게 하는 것입니다. 또 하나는 액체 표면에서 끓는점보다 낮은 온도에서 증발하여 기화가 일어나게 하는 거죠. 아직 둘 간의 차이가 뭔지 좀 어렵나요?

열을 가해 액체를 고온으로 펄펄 끓이면 끓는점에서 액체 상태와 기체 상태의 자유에너지[2]가 같아집니다. 만약 열을 계속 더 가

2. 자유에너지(free energy)란 열역학계(thermodynamics system)가 가진 내부에너지 중 유용한 일을 할 수 있게 자유롭게 변환할 수 있는 에너지를 말함.

해서 온도가 더 높아지면 기체 상태의 자유에너지가 액체 상태일 때보다 더 작아지기 때문에 열역학[3]적으로 기체가 되는 거죠. 그런데 증발은 액체 표면의 분자가 주변 분자와 충돌을 거듭하는 과정에서 높은 에너지를 갖게 됨으로써 액체분자와의 결합이 끊어지는, 즉 액체에서 분리되어 떨어져 나와 기체가 되는 현상입니다. 액체 안쪽에 있는 분자들은 다른 분자들에 둘러싸여 있다 보니 결속력이 강해서 쉽게 떨어지기 어렵습니다. 하지만 이와 달리 표면에 있는 분자들은 아래로만 결속이 이루어지고 표면은 노출된 상태이므로 결합된 정도가 약한 편이라 굳이 끓는점에 이르지 않고서도 낮은 온도에서 기체로 변할 수 있는 거죠.

그런데 액체가 기체로 변화할 때는 주변의 열을 대량으로 흡수하는데 이것을 기화열이라고 합니다. 열을 빼앗긴 주변 온도는 당연히 차가워지죠. 냉장고는 바로 이 원리를 이용한 것입니다. 우리가 일상에서 쉽게 경험할 수 있는 기화의 사례로는 무더운 여름날 바닥에 물을 뿌리면 순간적으로 시원함을 느낀다거나, 상처를 소독하거나 주사를 맞기 전에 알코올을 바르는 순간 드는 시원한 느낌 등을 들 수 있죠. 이렇듯 액체가 기체로 바뀔 때 주위에서 열을 빼앗아버리는 성질을 이용한 것이 바로 냉장고의 원리이며, 에어컨이 공기를 차갑게 하는 것 또한 같은 원리라고 할 수 있죠.

---

3. 열역학(thermodynamics)은 열, 일, 온도 그리고 에너지 사이의 관계를 해석하는 과학 분야. 화학, 물리학, 생물학, 지질학, 기상학, 해양학, 화학공학 등 여러 분야에서 널리 활용된다.

액체에서 기체로, 다시 액체로 변하는 냉매에 주목하라

○ ○ ○

액체에서 기체가 될 때 주변의 열을 빼앗는 기화열을 이용해 차가운 온도를 유지한다는 냉장고의 기본 원리는 이해되었을 것입니다. 그렇다면 다시 궁금증이 생기겠죠? 기체가 되는 '액체'의 존재 말입니다. 빠르게 기화되어 주변 열을 빼앗아 냉장고 안이 차갑게 유지되려면 물보다는 훨씬 휘발성이 강해야 할 것입니다. 이러한 역할을 하는 것이 바로 냉매입니다. 하지만 냉장고 안에서 냉매 역할을 하는 성분이 다 떨어져 버리면 더 이상 기화될 재료가 사라지는 셈이니, 계속 차가움을 유지할 수 없을 것입니다. 그렇다고 냉매가 소진되기 전에 계속 새로운 냉매를 주입해주어야 한다면 생각만 해도 너무 번거롭겠죠? 아무리 큰 용기에 냉매를 저장한다고 해도 결국 다 소진될 테니까요.

그래서 냉장고는 기체가 된 냉매가 냉장고 밖으로 빠져나가지 못하도록 가둡니다. 즉 기체가 다시 액체로 돌아와 기계 안에서 끝없이 순환되게 하는 거죠. 냉장고 안에서 액체와 기체 상태로의 변화를 계속 반복하게 하는 것입니다. 그런데 증발할 때 주변 열을 빼앗는 것과 달리 기체 상태에서 다시 액체 상태로 바뀔 때는 반대로 열을 내보내게 됩니다. 혹시 냉장고 뒤쪽을 직접 만져보거나 손을 가까이 대본 적이 있나요? 냉장고 안쪽의 시원한 냉기와 달리 뒤쪽은 후끈한 열감이 느껴질 것입니다. 이는 기체가 다시 액체가 되는 과정에서 열을 발산하기 때문이죠. 이러한 원리로 냉장고 안은 차갑게 유지되는 것과 달리, 냉장고 뒤쪽으로는 늘 열감이 느껴지는 것입니다. 냉매가 다시 액체가 되는 과정에서 뜨거운 열기를 내뿜으니까요. 냉장고를 설치할 때 벽에 바짝 붙이면 안 된다고 하는 것도 바로 이런 이유 때문입니다.

텔레비전이나 세탁기는 시청하지 않거나 사용하지 않을 때 전원을 꺼놓지만, 냉장고는 우리 생활에서 일정 시간만 잠깐씩 켜놓고 생활할 수 없습니다. 그랬다간 냉장고에 넣어둔 음식물이 상해버릴 테니까요. 신선도를 계속 유지하려면 냉장고 안에서 냉매가 기체가 되고 다시 액체가 되는 과정이 쉬지 않고 반복되어야 합니

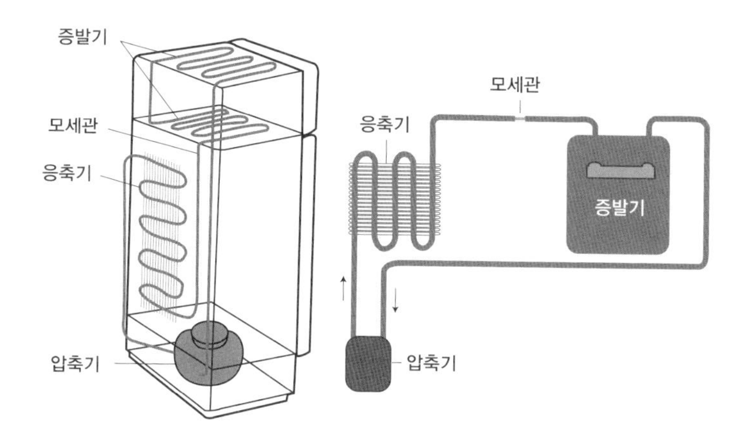

기화열을 일으키는 냉장고의 내부 장치
냉장고 안에서 냉매가 끊임없이 고체-액체-기체의 순환을 반복할 수 있게 해줌으로써 냉장고 안의 온도를 차갑게 유지시켜준다.

다. 일련의 순환 과정이 지속되어야 한다는 뜻이죠. 이것을 냉동 사이클이라고 하는데, 압축-응축-팽창-증발의 네 가지 과정으로 나누어집니다. 냉장고는 주요 부품들을 서로 연결해 냉매의 흐름을 통제하는 전자제어기를 갖추고, 이를 통해 일정한 온도를 계속 유지하게 하는 거죠. 에어컨이 실내 공기를 차갑게 유지하는 것도 이와 마찬가지 원리입니다.

압축-응축-팽창-증발 과정의 무한반복

냉장고가 전자제어를 통해 압축-응축-팽창-증발의 순환과정이 끊임없이 이루어지게 함으로써 차가운 온도를 유지한다고 했습니다. 이 순환 과정이 계속 원활하게 이루어짐으로써 열의 흡수와 방출을 반복하게 되는 거죠. 그렇다면 이 네 가지 과정에 대해서 좀 더 알아볼까요?

먼저 '압축'입니다. 차가운 기체 상태의 냉매를 말 그대로 강력하게 압축시키는 것입니다. 압축시킨 냉매를 공기와 닿게 하여 액체로 만드는 것이 '응축'입니다. 그러다가 응축된 상태에서 빠르게 기화할 수 있도록 '팽창'시키는 거죠. 팽창된 냉매가 기화하여 주변의 열을 빼앗아 차갑게 만드는 '증발'이 이루어지면 이 기체는 다시 '압축' 과정으로 넘어가 액체 상태로 '응축'되는 것입니다.

- **압축**: 기체 상태의 냉매가 고온 고압의 상태가 된다.
- **응축**: 압축을 통해 고온 고압의 상태가 된 기체가 외부 공기와 만나 식으며 액체가 되며 열을 내보낸다.
- **팽창**: 액체의 압력을 낮춰 빠르게 팽창시켜 기체로 바꾼다.
- **증발**: 온도와 압력이 낮아 팽창된 기체가 증발한다. 증발된 기체는 도로 압축되어 액체가 되고 또다시 기체가 되는 과정을 반복한다.

어떤가요? 냉장고가 차가움을 유지하는 과학적 원리는 생각보다 꽤 단순하죠? 물론 이러한 일이 냉장고 안에서 계속 일어나도록 하는 전자제어장비 또한 인공적으로 차가움을 만들어내려고 우리 인간이 끝없는 고민과 연구를 통해 이뤄낸 창의적 결과물입니다. 과거 우리 선조들이 그랬던 것처럼 말이죠. 다만 과학기술의 발전 덕분에 기능적 업그레이드를 실현한 거죠.

아무튼 이러한 순환 과정이 계속 일어나는 데는 냉매의 역할이 중요한데, 초창기에는 냉장고 냉매로 암모니아나 이산화황을 사용했습니다. 암모니아나 이산화황은 상온에서 기체 상태로 존재하며 비교적 저압으로 액화할 수 있고, 또한 응고 온도가 매우 낮기 때문에 냉매가 고체가 되어 얼어버릴 위험이 없는 등의 장점이 있었으니까요. 하지만 워낙 독성이 강한데다가, 심지어 연소 폭발의 위험까지 있어 지금은 사용되지 않습니다. 그래서 암모니아나 이산화황처럼 기화가 잘 이루어져 냉매에 적합하면서도 독성은 없고, 폭발 위험성이 없는 안정적인 대체물을 개발하려는 노력 끝에 다른 것과 혼합되지 않는 프레온가스(CFC)를 발명한 거죠. 프레온의 종류에는 프레온-11(트라이클로로플루오로메테인: CCl3F), 프레온-12(다이클로로다이플루오로메테인: CCl2F2), 프레온-22(클로로다이플루오로메테인: CHClF2) 등이 있습니다.

이후 프레온은 냉장고와 에어컨의 냉매로 오랫동안 사용되었고, 비단 전자제품뿐만 아니라 소화기, 헤어스프레이 같은 에어로

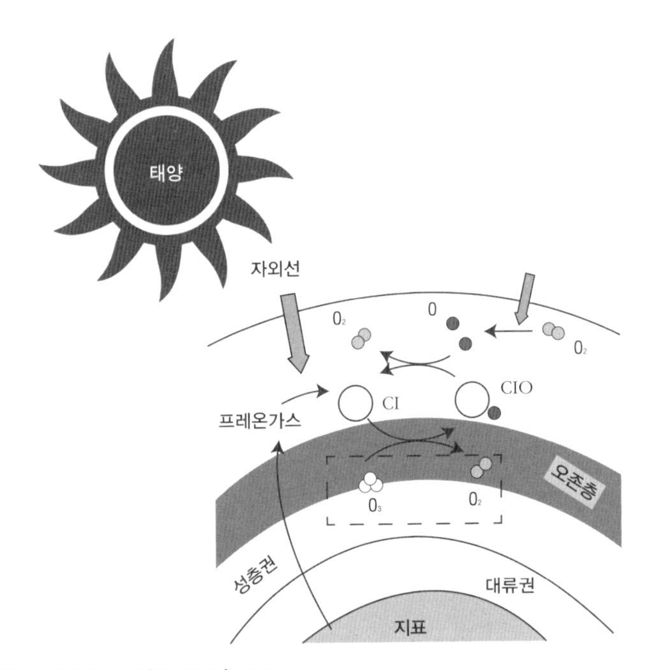

프레온의 염소원자 방출과 오존층 파괴

안정적이고 독성이 없는 완벽한 냉매인 줄 알았던 프레온은 자외선이 가해지면 분해되어 염소원자를 방출하는데, 이것이 오존층을 파괴한다고 알려졌다.

졸 분사형 생활용품에도 널리 사용되었습니다. 하지만 완벽한 냉매인 줄 알았던 프레온조차 치명적 결함이 드러납니다. 프레온 분자에 자외선이 가해지면 분해되어 염소원자를 방출하는데, 이것이 오존층을 파괴하는 주범으로 지목되었으니까요.

뒤의 5장에서 좀 더 자세히 살펴보겠지만, 오존층 파괴는 우리가 살아가는 지구 환경에 막대한 피해를 입히고 있는 것으로 알려져 있습니다. 오존층 파괴는 사람에게는 피부암과 백내장 등의 질병을 유발하고, 식물의 엽록소를 파괴하여 살 수 없게 만들며, 바닷속 식물성 플랑크톤도 살 수 없게 만들어 결국 해양 생태계마저 파괴하게 된다고 합니다. 2006년부터는 지구 환경보호 때문에 프레온가스를 사용하지 않기로 했지만, 현재에도 총 사용량을 규제하기는 해도 아직은 가격과 냉각효율 면에서 프레온가스를 능가할 완벽한 대안이 마련되지 않은 상태입니다. 하지만 과학자들은 지금도 프레온을 대체할 새로운 냉매를 찾기 위한 연구를 계속 이어가고 있습니다.

02 인공지능

냉장고, 인공지능을 만나다

냉장고가 차가움을 유지하는 과학 원리를 살펴보았습니다. 냉매가 기화함에 따라 주변의 열을 빼앗는 성질을 이용한 생각보다 단순한 원리입니다. 하지만 냉장고에 관한 과학 이야기가 이것뿐이라면 너무 시시하겠죠? 지금이 어떤 세상인가요? 벌써 수년 전부터 매스컴을 통해 4차 산업혁명이란 말을 귀가 따갑게 들어왔을 것입니다. 4차 산업혁명과 떼려야 뗄 수 없는 단어가 바로 '인공지능(AI, artificial intelligence)'입니다. 워낙 전문 분야이다 보니 그동안 일반인들은 주로 SF영화나 소설 속에서 간간이 묘사되는 모습으로 인공지능을 접하며, 그저 막연히 상상만 해왔을 뿐입니다. 하지만 정확하게 기술의 발전이 얼마나 이루어졌는지를 파악하기에는 무리가 있었죠. 그래서 여기에서는 이와 관련된 이야기를 해보려고 합니다.

우리에게 실체를 드러낸 인공지능

◦ ◦ ◦

대중이 오늘날 인공지능의 발전 수준을 실감하게 된 계기는 아마도 2016년에 이세돌과 세기의 바둑대국을 펼친 구글의 '알파고'라는 인공지능 로봇을 통해서였을 것입니다. 체스의 경우 좀 더 오래전에 인간과 인공지능 간의 대결이 성사되어 인공지능이 인간을 이긴 전례가 있기는 합니다. 하지만 바둑은 수많은 경우의 수와 대국 중 발생할 수 있는 여러 예기치 못한 돌발상황 등에서 그때그때 창의적인 판단력, 순발력 같은 능력을 필요로 하는 점 등을 이유로 아직은 인공지능이 인간의 능력을 뛰어넘기 어려울 것이라는 예상이 우세했죠. 하지만 결과는 모두가 알고 있는 것처럼 인공지능의 승! 알파고는 당대 최고의 바둑기사로 꼽히던 이세돌에게 4:1로 승리하였고, 심지어 대국 내내 이세돌을 압도하는 경기력을 보이며 세계인을 충격에 빠뜨렸습니다.

단순히 많은 데이터를 저장하고 처리하는 수준을 넘어 저장된 데이터를 바탕으로 스스로 새로운 것을 학습하는 '딥러닝(Deep Learning)'을 알파고를 통해 실제로 목격한 것입니다. 딥러닝 기술은 컴퓨터가 저장된 조건과 결과를 보고 스스로 추론할 수 있게 하는 머신러닝 알고리즘의 하나입니다. 인간의 신경망인 '뉴런'에 착안한 것으로 학습에 의해 인간의 뉴런이 활성화되는 것처럼 딥러닝 또한 어떤 학습을 얼마나 하느냐에 따라서 인공지능의 능력에 영향을 미치게 됩니다. 하지만 '아직은' 인공지능에게 완벽한 창의력을 기대하기는 어려운 수준입니다. 실제로 알파고가 이세돌과의 대국에서 유일하게 패배한 1번의 대국 또한 이세돌의 예기치 못한 창의적인 묘수에 대응하지 못한 허점을 드러낸 것이니까요. '아직은'이라고 해도 어쩌면 우리 생각보다 빨리 인공지능의 능력이 크게 향상될지도 모릅니다.

대국 이후 수년이 흐른 지금 인공지능 기술은 바둑 같은 특수한 이벤트에 머물지 않고 우리 생활 곳곳에 조금씩 스며들고 있습니다. 특히 사물인터넷(Iot)[4]과 결합하여 우리가 무생물로 간주해오던 사물들 간의 소통이 가능해졌습니다. 앞으로 텔레비전이나 냉장고, 세탁기들이 서로 자유롭게 대화를 나눈다고 생각해봅시다. 예전에는 인터넷에 연결된 기기들이 서로 정보를 주고받기 위해서는 '인간의 개입'이 필수적이었죠. 즉 인간이 특정 조작을 가함으로써 비로소 데이터가 처리되고, 이를 주고받는 작용도 일어났던 것입니다. 하지만 인공지능 Iot 세상에서는 인터넷 연결만으로 인간의 개입 없이 사물 간 소통이 자유롭게 이루어집니다.

자동차를 예로 들면, 날씨예보에 알아서 접속해 그날그날의 날씨 변화와 도로사정을 분석해 사고 발생 가능성을 스스로 예측하

4. 인터넷 연결을 통해 사물 간 커뮤니케이션이 가능하게 하는 기술을 말함. 아직은 인긴의 개입이 필요한 단계이지만, 앞으로는 인간의 조작 개입 없이도 사물 스스로 인터넷을 통해 정보를 주고받는 단계로 나아가고 있다.

여 대비합니다. 혹시 불의의 사고라도 발생하면, 시키지 않아도 알아서 보험사로 연락을 취하고 가장 가까운 곳에 위치한 치료 가능한 병원에 구조요청을 하거나 구급차를 신청하는 등의 일이 자동적으로 수행되는 것입니다. 그리고 이것은 거의 구현 가능한 수준에 이르렀다고 합니다. 사물인터넷 환경은 특수한 환경에 국한되지 않고 점점 더 일상적인 환경으로 확장되는 추세입니다. 예컨대 메사추세츠 공과대학(MIT)은 대학 기숙사 화장실과 세탁실에 센서를 설치하여 학생들이 화장실과 세탁실 간의 소통 정보를 확인함으로써 어떤 화장실이 비어 있고, 사용 가능한 세탁기가 있는지 확인할 수 있다고 합니다.

IoT가 뭐지?

IoT란 Internet of Thing의 약자로 사물과 사물이 인터넷으로 연결되는 것을 의미한다. 단순히 인터넷에 연결되는 수준을 넘어 무선통신을 통해 연결된 사물들, 예컨대 냉장고, 세탁기, 자동차 등이 스스로 인터넷 바닷속 다양한 빅데이터들을 통해 학습하고 스스로 판단하여 작동하며 사물 간 정보를 주고받을 수 있는 시스템이다. 사물이 스스로 정보를 탐색하여 학습하고 작동할 수 있게 하는 기술의 저변에 인공지능이 자리한다. 아직 완성 단계는 아니지만, 미국의 경우 IoT 기반 시설을 활발하게 구축하고 있고, 우리나라도 적극적으로 기술 육성을 해나가고 있다.

냉장고로 SNS를 한다고?

그러고 보니 미래사회에는 사물이 점점 더 인간의 사고에 가까워지도록 기술을 구현하려는 것 같죠? 인공지능 IoT 기술 적용은 냉장고 또한 예외가 아닙니다. 이제 냉장고는 단순히 음식을 차갑게 보관하는 기능에 만족하지 않고 다양한 기능을 추가해 진화하고 있습니다. 현재의 과학기술 수준에서도 이미 냉장고로도 SNS가 가능한 수준에 이르렀습니다. 2019년에 실제로 있었던 일입니다. 도로시라는 미국 십대 소녀가 냉장고로 트위터를 올렸다는 기사가 세간을 잠시 떠들썩하게 했는데요. 팝가수 아리아나 그란데(Ariana Grande)의 열성 팬이었던 소녀는 자신의 트위터에 아리아나 그란데에 관한 게시물을 이것저것 올리느라 온종일 스마트폰에만 매달려 있었죠. 이 모습을 보다 못한 소녀의 어머니는 스마트폰을 압수해버렸습니다. 그러나 스마트폰을 빼앗겨도 도저히 트위터를 포기할 수 없었던 그녀는 게임기 기능을 이용해 다시 트위터를 했죠. 그러자 그녀의 어머니는 급기야 게임기와 여타 전자기기를 모두 빼앗았다고 합니다. 이제 웬만하면 포기할 법도 한데, 그녀는 새로운 방법에 도전합니다. 우리나라 L사 냉장고의 스마트 기능을 이용해 트위터에 이런 내용의 글을 올린 거죠.

"지금 냉장고로 트윗 중이다. 글이 올라갈지는 모르겠다"

트위터는 어떤 기기에서 글을 올렸는지 자동으로 표시하는 기능이 있는데, 그녀의 해당 글에는 'L사의 스마트 냉장고'에서 작성되었다고 표시된 거죠. 이 사건을 두고 많은 이야기가 나왔습니다. 먼저 L사 제품의 기술력이 얼마나 놀라운 수준까지 발전했는지에 대한 찬사가 쏟아지기도 했고, 기사의 진실에 대해 의문을 표하는 내용도 있었습니다. 아무튼 뉴스의 진위 여부와 관계없이 L사의 냉장고는 실로 엄청난 광고 효과를 누렸죠.

몇 년 전부터 스크린을 설치한 가정용 냉장고들이 시장에 속속 선보이고 있습니다. 냉장고가 기존의 식재료를 보관하는 역할뿐만 아니라 재고를 관리하는 기능까지 추가된 것입니다. 나아가 음악감상, 쇼핑까지 냉장고 한 대로 해결할 수 있게 진화 중입니다. 믿기 어려운가요? 하지만 스마트폰이 등장하기 전까지만 해도 사람들은 통화는 물론, 메신저, 드라마나 뉴스 시청, 독서, 음악감상, 영화감상, 공부, 쇼핑 등을 전화기 하나로 할 수 있는 세상이 이렇게 빨리 올 거라곤 예상하지 못했습니다.

무엇보다 냉장고의 강점은 24시간 전원을 켜고 생활할 수밖에 없는 몇 안 되는 가전이라는 점입니다. 청소기나 세탁기, 텔레비전, 에어컨 등은 사용하고 나면 전원을 꺼놓지만, 냉장고는 그럴 수 없죠. 전원을 끄면 냉장고 안의 먹거리가 모두 상해버릴 테니까요. 이렇듯 온종일 온라인 상태가 가능한 점이 냉장고를 사물 간 소통의 허브 역할을 수행하는 데 강점이 됩니다.

또한 냉장고는 가족 모두가 자유롭게 드나드는 공용 공간인 주방에 놓여 있는 만큼 가족 누구에게나 접근성 높은 가전이기도 합니다. 바로 이 점을 잘 이용해 냉장고를 가족이 함께 모여 소통할 수 있는 매개체로 활용[5]하려는 콘셉트의 제품도 이미 시장에 출시되어 있습니다. 물론 이런 IoT 기능이 탑재된 냉장고가 아직은 일반화된 건 아닙니다. 하지만 어쩌면 머지않은 미래에 우리가 냉장고와 자유롭게 소통을 넘어 아예 고민 상담까지 해주는 날도 오지 않을까 상상해봅니다.

AI로 진화하는 냉장고의 미래

가정용 냉장고가 먹거리만 지켜주는 게 아니라 인생 상담까지 해준다고? 물론 아직은 공상과학 같은 이야기입니다. 하지만 앞으로 냉장고는 우리 삶의 중심에서 소통, 소비와 문화생활 등을 주도하는 주요 매개가 될 가능성이 높습니다. 예컨대 필요한 것이 있을 때 말을 꺼내기도 전에 내 앞에 척척 놓아주는 이가 있다면 참 감동이겠죠? 그런데 앞으로 냉장고는 이런 역할을 주도하게 될 가능성이 매우 높습니다.

5. 채명석, 〈"냉장고를 가족 소통의 허브로" 삼성 '패밀리 서브' 개발 이야기〉, 《아주경제》, 2016.6.14. 기사 참조

"주인님, 요즘 다이어트하느라 영양 섭취가 영 부실한데, 간만에 고기 요리 어떠세요?"

냉장고와 경제를 이야기할 때, 소비 심리를 반영한 광고 이야기를 잠깐 했습니다. 그런데 이제는 광고에도 인공지능 기술이 적용되기 시작했죠. 자본의 속성은 이윤추구입니다. 이윤추구를 극대화하기 위해 재빠르게 과학기술을 이용하는 것입니다. 대표적인 영역이 인공지능(AI) 기술을 적용한 광고입니다. 인터넷과 소셜미디어 플랫폼에서는 이미 대다수가 인공지능 기술을 활용하여 광고를 하고 있습니다. 분석모델을 자동으로 구축하는 데이터 분석 방법인 머신 러닝(Machine Learning) 기술을 통해 인공지능은 빠르게 발전하고 있죠. 누적된 소비자의 실시간 행동 데이터를 가져와서 각 개인별 관련성 높은 광고를 제공합니다. 또 소비자의 다양한 행동을 분석하여 연령, 성별, 위치 및 수백만 개의 데이터를 기반으로 한층 더 스마트한 디지털 광고를 할 수 있습니다. 쉽게 말하면 인공지능은 우리가 언제 인터넷에 접속하고, 어느 사이트에 오래 머물며, 주로 무엇을 검색하는지 등을 모니터링하여 분석 및 파악하고 있기 때문에 우리에게 필요하거나 관심을 가질만한 상품을 우리가 보고 있는 화면에 즉각 띄워줄 수 있죠.

지금의 냉장고는 주방 한편에 정적인 모습으로 조용히 자리를 잡고 있지만, 앞으로는 인터넷을 통해 분주히 작동하며 사용자들

#거부할_수_없는#인공지능_#냉장고의_#달콤살벌한_#유혹

의 관심사부터 건강 상태까지 낱낱이 파악하게 될 것입니다. 매일매일 사용자에 대한 정보를 쌓아가고, 인터넷을 통해 이러한 정보를 또 다른 수많은 데이터들과 비교분석하는 작업을 끝없이 반복할 테니까요. 그렇게 점점 더 나에게 꼭 맞는 맞춤형 정보를 제공하게 된다면 냉장고의 제안을 쉽게 거부하기 어려울 것입니다. 어쩌면 평소 가정 내 대화가 뜸한 편이라면 식구들보다 나의 취향을 더 잘 파악할 뿐만 아니라, 어쩌면 나의 치명적인 약점까지도 냉장고는 이미 속속들이 알고 있을지도 모르죠.

> "나는 네가 무엇을 진짜 좋아하는지, 또 무엇을 질색하는지 속속들이 알고 있다…"

머지않은 미래에 냉장고가 우리의 편향된 식생활을 걱정해준다거나, 좀 더 건강식으로 바꿔보라고 조언해주는 모습을 상상해봅니다. 아니면 평소 부족한 영양소를 체크하여, 아예 특정 브랜드의 건강식품 상품을 링크하여 구매를 추천해주기도 하겠죠? 건강식품뿐만 아니라 나에게 맞는 온갖 종류의 상품 리스트를 만들어 홍보하며 구매를 권할 것입니다. 과거 텔레비전에서 불특정 다수를 공략하기 위해 만들어진 광고가 아니라 오직 나만을 위한 맞춤형 광고가 만들어지는 거죠. 하지만 이것이 정말로 나만을 위한 맞춤형 광고가 과연 맞을까요? 혹시 이것이 나만을 위한 맞춤형 광고인 것처럼 보이도록 강요한 일종의 속임수라면? 즉 내가 어쩔 수 없이 원할 때까지 유사한 정보를 꾸준히 노출하여 유도하는 것이라면요? 갑자기 조금 섬뜩한 기분이 듭니다.

인공지능의 편향성 문제, 어떻게 해결할 것인가?

만약 냉장고와 인간이 자유롭게 소통하는 세상이 왔을 때, 혹시 냉장고가 빅데이터에 떠도는 정보들 중 편향된 정보들을 나에게 강요한다면 어떻게 될까요? 사실 인터넷에는 수많은 정보들이 범람합니다. 그중에는 사실관계조차 제대로 확인되지 않은 쓰레기만도 못한 정보들도 매우 많습니다. 실제로 오늘날 우리는 온갖 종류의 가짜뉴스에 노출되어 있습니다. 그렇기 때문에 스스로 미디어리터러시 역량을 키워 정보를 선별하는 능력이 점점 더 요구되는 세상이죠. 그런데 만약 냉장고가 나의 의사와 무관하게 편향된 정보를 꾸준히 주입할 가능성도 있습니다. 예컨대 인터넷에 떠도는 성적 편향성에 물든 정보들을 대화 중에 드러낼지도 모르는 일입니다. 어쩌면 위로는커녕 심각한 마음의 상처를 입게 될지도 모르죠. 이미 우리는 인공지능 챗봇의 일부 실패 사례를 통해 이러한 문제점을 경험한 바입니다.

인공지능의 편향성은 이미 심각한 문제로 제기되고 있습니다.

인공지능의 핵심 메커니즘은 알고리즘에 있는데, 알고리즘이란 한정된 정보로 최적의 결과를 산출해내어 문제를 해결하기 위한 순서화된 절차나 방법을 의미합니다. 사회 여러 영역에서 빅데이터를 활용하여 인공지능의 알고리즘을 적용하려는 저변에는 알고리즘에 의한 의사결정이 인간의 선입견, 편향, 자의적 판단 등이 개입된 의사결정보다 더 공정한 결과를 낳으리라는 기대가 자리하고 있죠. 예컨대 막대한 자본을 소유하고 있는 사람에게 법이 더 관대하거나, 인간관계의 친소나 학력 등에 따라 은행 대출 결과가 달라지는 것과 같은 문제를 인공지능은 범하지 않을 것이라는 믿음입니다. 하지만 인공지능의 알고리즘 의사결정이 공정하지 않다는 사례들이 거듭 나타나면서, 인공지능의 가치중립에 대한 근본적인 질문들이 새롭게 제기되고 있죠. 이미 세계적으로 인공지능의 편향성을 해결하기 위한 활동이 시작되었습니다. 2019년 EU 집행위원회는 52명의 전문가 그룹을 소집해 인공지능이 충족해야 하는 7가지 요건을 다음과 같이 제시했습니다.

① 인간의 통제 가능성 ② 안정성 ③ 개인정보 보호 ④ 투명성
⑤ 다양성, 비차별성과 공정성 ⑥ 지속가능성 ⑦ 책임성

구글에서도 미국 국방부와 무인항공기 프로젝트 계약을 맺으면서 '7대 인공지능 윤리지침'을 발표했습니다. 이 지침의 핵심 내용을 요

약하면 인공지능 기술을 무기 개발이나 감시 도구로 사용해 인권을 침해하거나 인종과 성적·정치적 차별하지 않겠다는 것입니다.

빅데이터를 활용해 우리의 숨겨진 욕망까지 선제적으로 자극하는 인공지능 광고기술과 모든 것이 서로 거미줄처럼 연결되는 초연결 사회를 목전에 둔 우리는 다시 한 번 기술개발의 원칙과 윤리적 문제를 돌아봐야 합니다. 인공지능이라는 전에 없던 새로운 도구를 사용하는 방법에 대해 소비자에게 명확히 밝히고 데이터 수집 방안을 투명하게 공개해야 하며, 알고리즘의 결정을 구체적으로 설명해야 합니다. 만약 불리한 조치를 하게 되는 경우에는 이를 반드시 알려줘야 하죠. 이와 더불어 차별하지 않아야 하며 정보를 수정할 수 있는 기회를 제공함으로써 공정성을 신뢰할 만한 인공지능 기술을 구현할 수 있도록 관련 문제들을 해결하는 것이 중요합니다. 어쩌면 그것이 기술의 발전보다 훨씬 더 우선시되어야 할지 모릅니다.

근대에 들어서면서 인간의 상상력은 과학기술과 결합하면서 상상을 현실로 바꾸었습니다. 하지만 포스트모던에 접어든 이 시대의 상상력은 미시적 상상력에 가까워졌습니다. 즉 근대적 상상력이 우주여행이나 하늘을 나는 자동차처럼 눈에 보이는 뭔가에 집중되었다면, 이제는 인간 두뇌의 구조를 모방한 인공지능과 모든 존재가 서로 연결되는 초연결사회의 비가시적 상상이 현실에 가까워지고 있는 것입니다. 앞으로 과학과 기술의 발전이 인류를 더욱 자유롭게 할지 아니면 많은 소설과 영화에서 상상했던 것처럼 황폐한 디스토피아 세계로 변할지는 아직 알 수 없습니다. 유발 하라리(Yuval Noah Harari)는 그의 저서 《호모데우스》에서 "21세기는 몸, 뇌, 마음이 주력 상품이 되고, 이 진보의 열차에 올라 탄 사람들은 창조와 파괴를 주관하는 신성을 획득하는 반면 뒤처진 사람들은 절멸에 직면할 것"이라고 예측했는데요. 동시에 그는 "기술이 결정론적이지 않기 때문에 똑같은 기술로도 매우 다른 종류의 사회들을 창조할 수 있다."고 보았습니다. 아직은 모든 것이 가능성으로 동시에 존재합니다. 따라서 우리는 생각해야 합니다. 우리가 어떤 미래에, 어떤 세계에 살고 싶은지 말입니다. 또 우리가 생각한 것들을 실현하려면 어떻게 행동해야 할지에 관해서도 생각해야 합니다. 그리고 작은 것부터 실천에 옮기는 용기가 필요한 때입니다.

03 생명공학

냉동기술, 생명의 영역으로 확장되다

이제부터는 조금 다른 이야기를 해볼까 합니다. 바로 생명에 관한 이야기입니다. 생명 탄생의 인과관계에 관한 딜레마로 유명한 문제가 있죠?

"닭이 먼저인가, 달걀이 먼저인가?"

위 딜레마는 생명과 이 세계가 어떻게 시작되었는가에 관한 고대 철학자들의 의문에서 비롯된 것이었죠. 생명 탄생에 관해서는 수많은 가설이 존재했습니다. 고대 그리스의 철학자 아리스토텔레스는 자연환경 속에서 생명체가 저절로 발생했다고 주장했고, 교회가 절대적 권위와 가치를 지배했던 중세시대에는 신이 무(無)의 상태에서 세상에 존재하는 모든 것들을 하나하나 창조했다고 믿었죠. 그러나 20세기 이후 과학기술이 빠르게 발전하고 실험과 관찰을 통해 수많은 정보와 지식이 축적되면서 생명체의 탄생과 관련된 과학적 가설들이 제기되었고, 이를 구체적으로 증명하기 위한 실험들도 함께 이루어졌습니다.

인간, 원시 생명체의 탄생 가설을 구현하다

1952년 시카고대학교(University of Chicago)에서 생명 탄생에 대한 해답을 찾는 흥미로운 실험이 이루어졌습니다. 원시 생명체의 탄생 가설을 입증하기 위해 초기 지구의 대기와 비슷한 조건을 조성한 후, 유기물이 만들어지는 과정을 관찰하는 실험이었죠. 원시 대기에는 암모니아나 메탄, 수증기 등이 풍부했기 때문에 이와 유사한 환경을 만들기 위해 플라스크에 암모니아와 메탄을 넣고 끓여 수증기가 발생하도록 했습니다. 또 원시 대기는 번개나 자외선 등이 에너지원이 되어 유기물이 만들어진다는 가설에 따라 불꽃을 튀겨, 자연의 번개를 대신했죠. 그리고 다시 인공냉각으로 공기를 차갑게 식혀 수증기가 물이 되어 처음의 플라스크로 돌아가는 과정을 반복했습니다. 그러자 탄소가 유기물질로 합성되는 것을 확인한 것입니다. 유기물질이란 생명체의 기본적인 구성요소입니다. 따라서 이 유기물질이 어디에 분포하는지 확인한다면 생명이 어디에서 탄생했는지 알아낼 수 있는 거죠. 밀러-유리 실험(Miller-Urey experiment)이라 불리는 이 실험을 통해 초기 지구에서 자연적인 과정만으로 생명체를 이루는 기본 요소들이 생성될 수 있다는 사실을 확인시켜주었습니다. 즉 유기화학 반응을 통해 인공적으로 유기물질을 만들어낸 점에서 의미 있는 평가를 받습니다.

21세기 초만 해도 지구상에서 처음 생명체가 탄생한 것은 '바다'일 것이라는 주장이 지배적이었습니다. 기체 상태의 대기와 맞닿은 육지는 고체입니다. 기체는 물질들이 서로 멀리 떨어지고 유동적인 데 반해, 고체의 경우 물질들의 성질이 유동적이지 않죠. 하지만 바다는 액체로 이루어져 있고, 고체에 비하면 꽤 유동적인 성질을 띠며, 서로 가까이 접근할 수도 있기 때문에 서로 부딪히다 보면 다양한 화학반응이 일어날 가능성이 육지에 비해 훨씬 높다고 할 수 있죠. 즉 환경 조건적으로 볼 때, 육지보다는 바다에서 유기화학반응이 더 잘 일어날 수 있다는 뜻입니다.

생명체가 시작된 곳은 바다가 아니다?

◦ ◦ ◦

바다에서 생명체가 탄생했을 거라는 오랜 주장을 뒤집는 새로운 주장이 제기됩니다. 2012년 미국의 대중과학 잡지인 《사이언티픽 아메리칸(Scientific American)》에서 지구상 생명체의 기원에 대한 아르멘 물키디야니안(Armen Mulkidjanian)과 독일 오스나브뤽대학교 연구팀의 최신 연구결과를 보도한 것입니다.

물키디야니안 외의 연구 결과에 따르면 최초의 세포, 또는 적어도 지금까지 여전히 후손을 남긴 생명체의 시초는 바다가 아닌 오늘날의 미국 옐로스톤국립공원에서 보는 듯한 지열웅덩이(geothermal pools)라고 합니다. 이 연구자들의 주장은 모든 고세균(古細菌)과 박테리아에 공통적으로 들어 있는 효소가 바닷속 생명 기원설을 뒷받침할 소금의 구성원소인 소듐(나트륨)이 아닌 포타슘(K), 인(P), 또는 아연(Zn)으로 만들어졌다는 관찰 결과에 따른 것입니다. 만약 바다에서 만들어진 생명체라면 나트륨으로 만들어진 효소를 갖고 있거나, 적어도 내부에 훨씬 더 많은 나트륨을 포함하고 있어야 하는데 그렇지 않았다는 거죠. 이 연구논문의 수석저자인 아르멘 물키디야니안은 "우리는 포타슘이 풍부하게 이끄는 과정과 상황을 가진 모든 장소를 찾았다."고 했습니다. 오늘날까지 남아 있는 그런 유일한 장소로는 지열웅덩이처럼 '증기 넘치는' 지열 시스템으로 불리는 장소입니다. 즉 지구 내부의 매우 깊은 곳에 있는 물이 가열돼 증기가 되고 지표면까지 도달해 식고 응축돼 기본적으로 물이 풍부한 웅덩이가 된 곳입니다.[6]

6. 이재구, 〈최초의 생명체, 육지의 열 웅덩이에서 나왔다〉, 《ZDNetKorea》, 2012.02.18. 기사 참조

최초의 생명체가 탄생한 곳이 바다건 육지건 간에 생명체 탄생의 주요 메커니즘이 화학반응이고, '물'이 매개가 된다는 점에서는 공통점이 있습니다. 다시 말해서 지구에 생존하는 생명체가 존재하기 위한 필수 조건은 액체 상태의 물(H_2O)과 적정 온도인 셈이죠. 물은 우주에서 비교적 흔한 물질이지만, 지구를 제외하고 액체 상태로 행성의 표면에 존재하는 경우는 거의 없습니다. 물은 우리 몸을 구성하는 물질의 80%를 차지하며, 각종 물질을 녹이는 성질이 있어서 생명 활동에 필수적입니다. 밀러-유리의 실험에서도 물의 중요성을 확인할 수 있죠.

물과 함께 지구를 둘러싸고 있는 대기도 생명체가 존재하기 위한 중요한 조건입니다. 지구가 적정 온도를 유지할 수 있도록 돕는 것은 지구를 둘러싸고 있는 대기입니다. 지구의 대기는 태양과 우주에서 들어오는 유해한 방사선을 차단해주고, 온도를 적절히 유지시켜 생명 활동이 가능하게 하죠.

태양계에는 지구 말고 다른 행성들도 존재합니다. 하지만 지금까지 태양계 탐사를 진행해온 바로는 생명체라고 간주할 만한 존재를 발견하지는 못했습니다. 물론 최근 미항공우주국(NASA) 퍼서비어런스 탐사선이 화성에서 암석샘플을 채취하고 생명체 흔적을 발견했다는 보도가 있지만, 아직은 가능성에 불과합니다. 한편으로 과학자들은 생명체에 대한 지구 중심의 사고에서 벗어나야 한다고 주장하기도 합니다. 우주 전체를 놓고 봤을 때 지극히 미미한 행성의 하나에 불과한 지구를 기준으로 정립한 생화학적 결론을 다른 우주 생명체에 적용하는 게 과연 타당한지 의문을 제기하는 거죠. 그래서 우주 생명체를 연구하는 일부 학자들은 조건 자체가 너무나 다른 우주는 지구와 다른 기준으로 생명체의 존재 유무를 판단해야 한다고 주장합니다. 특히 우리에게 잘 알려진 다윈의 진화론은 어디까지나 지구 생명체를 근거로 정립한 이론이므로, 이를 다른 우주 공간에 적용할 수는 없다고 보는 거죠. 즉 우리가 생명이라고 생각하는 것은 아직 지구라는 조건에 한정되어 있다는 뜻입니다. 하지만 태양계 전체를 아우르는 생명에 대한 너무 깊은 논의는 이 책의 논점을 벗어나므로, 여기에서 이만 멈추도록 하겠습니다.

노아의 방주로 불리는 종자 저장고 '시드볼트'

◦ ◦ ◦

다시 지구의 생명체 이야기를 해봅시다. 좀 전에 지구의 대기가 적정 온도를 유지시켜줌으로써 생명 활동을 가능하게 한다고 이야기했습니다. 적정 온도는 생명을 유지하는 데 매우 중요한 요인입니다. 온도가 너무 낮으면 특별한 생명체를 제외하고 생명을 유지하기 어렵죠. 우리 인간의 경우 체온이 정상에서 3.5도가 떨어지면 환각에 시달리고, 27도에 이르면 사망한다고 합니다.

하지만 역설적으로 매우 낮은 온도가 생명을 영구 보존하는 데 사용되기도 합니다. 예를 들면 시드볼트(Seed Vault)입니다. 종자라는 의미의 시드(Seed)와 금고라는 의미의 볼트(Vault)를 합쳐 만든 단어로 종자보관 금고라는 의미입니다. 종자를 저장한다는 측면에서는 종자은행(Seed Bank)과 동일하지만 저장 목적과 기간이 다릅니다. 종자은행은 일반적으로 연구나 증식을 목적으로 활용하기 위해 중 · 단기적으로 저장하는 시설이지만, 시드볼트는 기후변화나 전쟁 등 지구 차원의 대재앙에 대비해 야생식물의 멸종을 막는 목적을 가지고 있으니까요. 따라서 종자의 보관기간은 영구적입니다. 세계적으로 종자은행(Seed Bank)은 많지만, 시드볼트는 전 세계에서 단 두 곳뿐입니다.

세계 최초의 시드볼트는 스발바르 국제종자저장고(Svalbard Global Seed Vault)입니다. 21세기 노아의 방주로 불리는 이 종자 저장고는 만약 지구 전체에 대재앙이 발생할 위험에 대비해서 200만 개 식물의 씨앗을 보관할 목적으로 노르웨이 스피츠베르겐 섬에 건설되었죠. 산소와 물기를 제거한 종자들은 밀봉된 봉투에 포장해서 영하 18도로 유지되는 냉동 저장고, 즉 냉장고에 보관합니다. 우리나라에도 유사한 종자 저장고가 있는데, 바로 백두대간 시드볼트입니다. 스발바르 시트볼트가 식량으로 사용하는 작물의 종자를 보관하기 위해 건설되었다면, 이곳은 야생식물 종자를 보관하는 곳입니다.

영구적 보관을 위해 중요한 것은 뭐니 뭐니 해도 안전성과 온도입니다. 우리나라의 시드볼트는 안전을 위해 백두대간에 있는 경북 봉화군 춘양면에 지하 46m의 터널을 뚫어 만들었습니다. 온갖 기후변화나 지진과 같은 자연재해로부터 안전을 보장하기 위해서입니다. 이곳에서 영하 20도와 상대습도 40%를 유지해서 종자를 휴면 상태로 보관하는 거죠. 종자는 온도와 습도 조건이 갖춰지면 갖고 있는 양분을 이용해 스스로 발아를 시작하는데, 영하 20도와 상대습도 40%의 조건에서는 발아를 안정적으로 억제할 수 있다고 합니다. 즉 고도의 냉동기술을 적용하여 생명활동을 최대한 억제함으로써 역설적으로 생명을 보존하는 방식인 셈입니다.

종자를 보관하는 냉동 저장고

	스발바르 글로벌 시드볼트	백두대간 글로벌 시드볼트
설립시기	2008년 2월	2015년 12월
위치	노르웨이 스피츠베르겐 섬	대한민국 경상북도 봉화군
저장 종	작물 종자	야생식물 종자
운영기관	노르웨이 정부, 북유럽유전자원센터	한국수목원관리원 (국립백두대간수목원)

세계는 지금 난자 냉동 전성시대

◦ ◦ ◦

오늘날의 발전된 냉장기술의 영향력이 식물의 종자 보관에만 미치고 있는 것은 아닙니다. 인간의 탄생과 생존에도 크게 영향을 끼치고 있죠. 현대사회를 살아가는 우리는 과로와 스트레스, 환경오염 물질, 각종 전자기기 등의 영향에서 벗어나기 어렵습니다. 이러한 영향으로 난임(難妊) 문제를 겪고 있는 사람이 늘고 있다고 합니다. 게다가 남녀 모두 초혼 연령이 점점 더 높아지고 있다는 얘기도 들어보았을 것입니다. 과거와 달리 결혼에 대한 가치관도 변화하여 만혼(晩婚) 커플이나 아예 결혼 의사가 없는 비혼주의자들도 늘고 있습니다. 그런데 비혼주의자 중에는 아이만 원하는 사람도 있습니다. 한 여성 방송인도 정자기증을 통해 비혼 출산을 함으로써 세간에 화제가 되기도 했죠.

그 밖에도 여러 가지 이유로 자연임신이 어려운 사람이 점점 늘어가는 가운데, 냉장기술을 활용해 정자와 난자를 냉동시키는 체외수정 방식도 늘어나고 있습니다. 체외수정, 즉 시험관 아기 시술은 난자를 여성의 몸에서 채취하고 남성의 몸에서도 정자를 채취하여 실험실의 시험관에서 인공적으로 수정시키는 방법입니다. 이 시술은 1978년 영국에서 처음 성공했고, 우리나라에서도 1985년 첫 시험관 아기가 탄생했죠.

체외수정 방식의 하나인 냉동 수정란은 신체적 문제나 노화와 같은 상황이 발생하기 전에 건강한 난자와 정자를 영하 195도 이하의 극저온에 냉동시켜 보관하였다가 체외수정을 시키는 것입니다. 정자 냉동은 현대 과학기술력으로 크게 어려운 일은 아닙니다. 이미 1954년 처음으로 정자 냉동 보관에 성공한 바 있죠. 난자와 달리 세포의 크기가 작고 수분이 적기 때문입니다. 다만 정자를 아무런 처리 없이 냉동고에 그냥 넣으면 내부에 있는 수분이 얼게 되고 얼음 부위에 세포가 손상을 입을 수 있기 때문에 먼저 정자를 동결 억제제에 담그고, 정자 내부에 있는 수분이 삼투압 현상으로 빠져나오면 빈 공간을 동결 억제제로 채웁니다. 그 뒤 영하 190도까지 온도를 떨어뜨린 액체질소탱크에 넣어 보관하죠. 한편 난자는 일반 세포보다 5만~6만 배 이상 크고, 세포의 80% 이상이 수분이기 때문에 냉동 과정이 좀 더 까다롭습니다. 만약 난자를 동결할 때 천천히 수분을 빼낸 뒤 얼리는 방식으로 하면 생겨난 얼음 결정 때문에 난자가 손상될 수 있습니다. 그래서 난자를 냉동할 때는 동결 억제제를 넣은 뒤 10초 안에 온도를 영하 200도까지 떨어뜨리는 급속냉동방식을 활용합니다. 우리나라에서는 1998년 차병원에서 세계 최초로 급속냉동 방식인 '유리화 난자동결법(vitrification)'을 개발했습니다.

우리나라도 사회생활을 하는 여성들이 많아지고, 결혼 연령이 늦어지면서 난자 냉동을 통해 임신 가능성을 열어두려는 여성이 점점 늘고 있다고 합니다. 페이스북이나 애플, 구글과 같은 기업들은 여성 직원을 채용하기 위해 난자 냉동 비용을 지원하기도 합니다.

신체 일부를 동결하고 다시 해동해 살려내는 기술은 세포 수준에서는 이미 상용화되었습니다. 그러나 난임 해결을 위한 기술로 가장 널리 사용되는 수정란 냉동은 윤리적 문제를 촉발시켰습니다. 즉 유전공학과 생식의학이 인간이 최초로 생겨나는 단계에 개입하게 됨에 따라 생명의 시작이 언제인가라는 논쟁이 뜨겁습니다. 가톨릭교에서는 정자와 난자가 결합하는 시점부터 인간의 생명이 시작된다고 봅니다. 이와 달리 수정란은 단순한 세포 덩어리라고 간주하는 연구가들도 있습니다.

냉동기술이 이토록 발전하기 이전까지 이런 생명 논쟁은 지금처럼 과열되지는 않았습니다. 왜냐하면 과거 수정란은 오직 여성들의 몸 안에서만 존재했고, 보호를 받았으며, 그것들을 임의로 끄집어내서 완전한 생명체 속의 일부로 조작하거나 실험 또는 폐기하는 등의 대상이 아니었으니까요. 하지만 여성의 몸이 아닌 시험관 속에서 정자와 난자를 수정시켜서 배아를 만들고, 배아를 냉동시켜 보존하는 기술이 등장함에 따라, 여성의 몸을 떠나 존재하는 배아들이 생겨난 것입니다. 따라서 이전에는 누구나 자연스럽게 생명으로 인정받던 존재가 실험실의 조작 대상이 되자 수정란과 초기배아를 온전한 생명체로 바라보는 입장, 일부 생명성을 지닌 잠재적 생명체로 인정하는 입장, 생명성을 전혀 인정하지 않는 입장으로 팽팽히 나뉘어 뜨거운 논쟁이 벌어지게 된 거죠.

이 외에도 난자 공여와 매매, 대리모, 배아의 성 감별, 배아줄기세포의 이용, 배아에 대한 권리 등 체외수정을 둘러싸고 여전히 이런저런 논란이 끊이지 않고 있습니다. 특히 시험관 수정 기술이 발달하면서 자궁 착상 전에 유전 진단을 통해 선별적으로 아기를 출생시키는 맞춤형 아기에 대한 생명윤리 논쟁은 좀 더 심각합니다. 소위 디자이너 베이비(Designer baby)라 불리는 맞춤형 아기는 희귀혈액질환이나 암 등을 앓고 있는 자녀를 치료할 목적으로 줄기세포를 얻기 위해 시험관 수정을 통해 질환을 지닌 자녀의 세포조직과 완전히 일치하는 특정 배아를 만들어 그중 질병 유전자가 없는 정상적 배아를 골라 탄생시키는 아기를 말합니다.

최초의 맞춤 아기는 2000년 8월 미국에서 처음으로 탄생했죠. 미국의 한 부모가 유전병에 걸린 딸에게 필요한 골수를 제공하기 위해서 인공수정으로 얻은 10개 배아 가운데 딸과 조직이 일치하는 남자 아기를 태어나게 한 것입니다. 이후 치료를 목적으로 프랑스, 호주, 영국에서 맞춤형 아기를 합법화하기도 했습니다. 질병에 걸린 아이의 생명은 물론 소중합니다. 그러나 누군가를 치료하기 위한 목적을 가지고 태어나야 하는 또 다른 생명에 대한 윤리적 고민과 사회적 논의는 아직 결론을 내리기엔 성급한 단계입니다. 인간의 출생과 관련한 과학기술의 발달은 생명 탄생과 질병 치료와 같은 미래에 대한 희망과 함께 윤리적·종교적 관점에서 많은 고민과 토론이 좀 더 진지하게 이루어져야 할 것입니다.

생명을 구하는 기술, 백신을 지켜주는 냉장고

◦ ◦ ◦

냉장고와 생명에 관련된 이야기를 마치려다가 한 가지 더 생각난 것이 있어 덧붙이려 합니다. 2020년 초부터 전 세계를 장악한 가장 큰 이슈거리를 꼽으라면 아마도 코로나19일 것입니다. 심지어 바이러스가 변이를 거듭하는 가운데 하루에도 엄청난 수의 신규 감염자가 속출했죠. 감염력이 워낙 높은 바이러스의 특성상 감염 예방을 위한 '사회적 거리두기'가 강조되다 보니 사회 전반에 비대면 체계가 빠르게 확산되는 계기가 되었습니다.

여러분도 매일 학교에 가서 수업을 듣고, 쉬는 시간에 친구들과 만나서 장난을 치거나 이야기를 나누는 등의 소소한 일상이 느닷없이 사라져버린 경험을 했을 것입니다. 만약 2020년에 학교에 처음 입학한 학생들이라면 직접 학교에 가서 수업을 듣는 것만큼이나 온라인 수업이 익숙할지도 모릅니다. 지긋지긋한 바이러스 유행을 막아줄 게임체인저가 등장했죠. 네, 바로 백신입니다.

물론 현재까지 개발된 백신이 바이러스 감염을 100% 차단하는 것은 아닙니다. 또 한 번의 접종으로 완전한 면역력을 갖게 되는 것은 아니며, 면역 지속 기간 또한 제한적이죠. 최근 기승을 부리는 바이러스의 변이에 효과적으로 대처하지 못하는 측면도 지적됩니다. 게다가 부작용이나 효능에 대한 의심 등 백신을 불신하거나 아예 거부하는 사람들도 일부 있죠. 하지만 백신 접종 시 비접

종자에 비해 감염 예방효과가 상당할 뿐만 아니라 설사 감염된다고 해도 중증으로 악화되는 경우를 크게 떨어뜨린다는 측면에서 백신의 등장은 우리 모두에게 평범한 일상으로 돌아갈 수 있다는 희망을 안겨주었죠.

이러한 백신의 생산과 유통 및 접종에 이르기까지 냉장고가 실로 중대한 역할을 담당하고 있습니다. 백신 접종 때까지 변질을 막고 유효한 효과를 유지해야 하는데, 이때 저온 보관이 필수입니다. 특히 미국 제약사인 H사 백신의 경우에는 영하 70도에서 최대 6개월까지 보관이 가능하고, 일반 냉장고에서는 최대 5일까지 보관할 수 있다고 알려졌죠. 또 다른 제약사인 M사 코로나 백신의 경우에는 영하 20도에서 6개월까지 보관이 가능하고, 일반 냉장고 온도인 섭씨 2~8도에서는 30일 동안 백신 효과가 유지된다고 합니다. 보관 온도에는 다소 차이가 있기는 하지만, 공통적으로 저온 보관이 필수입니다. 냉장기술이 인류의 생명을 지키는 데 일조하는 셈이죠.

코로나19 팬데믹은 인류의 생명을 지켜주는 냉장기술의 소중한 가치를 곱씹어볼 수 있는 계기가 되었습니다. 우리 조상들이 추운 겨울 얼음을 채취해 서빙고나 동빙고에 보관하던 시절만 해도, 스스로 얼음을 얼리는 기계가 나올 거라고 상상하기 힘들었을 것입니다. 그런데 이제 냉장고는 단순히 먹거리뿐만 아니라 다양한 과학 분야에서도 맹활약하고 있습니다.

04 상상력

냉동인간은 실현 가능할까?

제 나이보다 훌쩍 어려 보이는 사람을 칭하는 수많은 말들이 있습니다. 굳이 나이 든 사람뿐만 아니라, 심지어 초등학생도 동안에 집착할 만큼 요즘에는 남녀노소를 불문하고 무조건 실제 나이보다 어려 보이는 '동안' 외모에 대한 관심이 뜨겁습니다. 과학기술의 발전이 눈부시게 이루어진 현재에 이르러서도 노화를 완전히 멈출 수 있는 방법은 아직 발견되지 않았죠. 그래서인지 몰라도 젊음을 유지하는 비밀이 있다고 하면 많은 사람들이 솔깃하며 관심을 기울이는 것 같습니다. 또 아무리 세월이 흘러도 도무지 나이를 가늠할 수 없을 만큼 젊은 외모를 유지하는 연예인들에게는 대중의 찬사가 이어집니다. 이럴 때 주로 '미친동안', '뱀파이어' 같은 수식어가 따라붙지만, '냉동인간'이라는 표현도 더러 사용되곤 합니다.

인간도 동면할 수 있을까?

◦◦◦

수년간 전 세계적으로 선풍적인 인기를 끌었던 〈어벤저스〉 시리즈의 주인공 중 한 명인 캡틴아메리카는 오랜 시간 냉동 상태로 잠들어 있다가 현대에 이르러 깨어난 설정입니다. 20세기 초반에 냉동되어 거의 100여 년의 시간을 잠든 채로 건너뛴 거죠. 하지만 긴 세월이 무색하게 냉동 상태로 보존된 그의 외모는 30대 초중반의 젊고 건강한 모습을 온전히 유지하고 있습니다. 이 영화뿐만 아니라 다양한 SF영화에서 냉동 상태에서 잠들어 있던 인간이 아주 오랜 시간이 흐른 뒤에 전혀 늙지 않은 모습으로 다시 깨어나는 설정은 꽤 자주 등장했습니다.

과거에 비해 평균수명은 큰 폭으로 증가하였지만, 아직까지 병이나 노화를 완벽하게 차단할 만큼의 과학기술이 발전된 건 아닙니다. 늙고 병들어 허약해진 상태로 오래 연명하기만을 바라는 사람은 없을 것입니다. 젊고 건강한 모습을 오래 유지하기를 바라는 거죠. 오랜 시간 이어져 온 냉동인간에 대한 선망 또한 영원한 젊음을 바라는 인간의 깊은 열망에서 출발한 게 아닐까요?

재미있는 건, 20세기에 제작된 SF영화에서 묘사된 설정들 중 당시에는 영화 속 허구일 뿐이고 심지어 황당하다고 생각했던 것들이 현재 이르러 실현된 것들도 상당수 있다는 점입니다. 예컨대 자율주행 자동차 같은 건 과거에는 그야말로 상상 속에만 존재하던 판타지였지만, 오늘날에는 거의 실현 가능한 수준으로 기술이 발전했으니까요. 그런 점에서 본다면 냉동인간도 언젠가는 정말 실현되지 않을까 하는 상상을 해봅니다.

냉동인간의 상태는 다른 동물의 동면과 자주 비교됩니다. 자연 생태계에는 추운 겨울이면 활동을 완전히 멈춘 채 동면하는 생물들이 꽤 있습니다. 특히 포유류 중에서는 곰이 동면을 취하는 대표적인 동물이죠. 그저 어릴 때부터 '곰은 겨울잠을 잔대~'라고 배우고, '아, 그렇구나!' 하고 알고 있겠지만, 동면은 대단히 신비로운 현상입니다. 곰을 예로 들면 동면하는 동안 곰의 신진대사율은 평상시의 5%에 불과하다고 합니다. 때론 10분 가까이 심장박동이 멈추기도 하고, 심지어 체온도 5~10도 정도 낮아진다고 하는군요. 그리고 기본적인 배뇨나 배변 활동도 하지 않는다고 합니다. 즉 배설하는 대신에 배설물의 영양분을 재흡수하는 방식으로 에너지 대사를 최소화하는 거죠.

만약 인간의 체온이 갑자기 떨어지면 생명이 위태로울 것입니다. 간혹 추운 겨울 야외에 고립되었다가 동사했다는 뉴스를 접하기도 하는데, 차가운 환경에 오랜 시간 노출되면 외부자극에 대한 반응이 낮아지면서 신경에 마비가 옵니다. 그러면 체온조절 능력을 상실하면서 체온이 떨어지게 되죠. 인간의 평균 체온이 약 35~36도 정도인데, 만약 동면하는 동물들의 체온 수준으로 체온이 하강하면 불과 30분에서 1시간 내에 사망에 이르게 됩니다.

그럼에도 불구하고 인간도 동면할 수 있다는 가설은 꽤 오래전부터 끊임없이 제기되고 있습니다. 예컨대 유명 팝가수나 할리우드 슈퍼스타들의 사망과 관련해 이들이 정말로 죽은 것이 아니라 어딘가에 동면 상태, 즉 냉동인간으로 영구 보존되어 있다고 하는 루머는 지금도 끊임없이 생산되고 있으니까요. 영원한 젊음, 불멸의 삶에 대한 동경이 이러한 루머를 끊임없이 만들어내고 있는 거겠죠? 하지만 아직까지는 캡틴 아메리카와 같은 기적은 그냥 SF영화 속에서만 존재하는 이야기에 불과합니다.

허구의 세상에서 구현된 인간의 동면

∘ ∘ ∘

영화 이야기가 나온 김에 좀 더 상상력 넘치는 이야기들을 살펴볼까요? 단, 신화적인 막연한 상상력이 아니라, 과학적 사실을 바탕으로 상상력을 펼치는 사이언스픽션(SF, Science Fiction)[7]을 중심으로 말이죠. SF 소설이나 영화에서 우주는 매우 중요한 공간으로 활용되고 있습니다. 가령 줄 베르느(Jule Verne)가 쓴 《지구에서 달까지(De la terre a la lune)》(1865)라는 장편소설은 달까지 가는 우주여행을 다루고 있는 첫 번째 과학소설이죠. 19세기에는 상

7. 과학적 사실이나 가설을 바탕으로 외삽한 세계를 배경으로 펼쳐지는 이야기

#동면_#영원한_#젊음_#불멸의_#삶_#냉동인간의_실현가능성은?

상의 영역에 해당되었지만, 인간이 달에 착륙함으로써 과학소설은 상상이 아닌 현실이 되었죠. 이제 로봇이 화성에도 착륙하고 탐사를 하는 시대가 되었습니다. 심지어 민간인 우주여행 프로젝트가 진행될 정도입니다. 영국의 억만장자 리처드 브랜슨(Richard Branson)의 버진갤럭틱 우주관광 시험비행의 성공 소식과 함께 2021년 7월 세계 1위 부호인 기업인 제프 베이조스(Jeff Bezos)가 블루오리진 로켓을 타고 다녀온 우주여행 소식이 세간의 화제가 되었습니다. 물론 일부에서는 잠깐의 우주여행에 엄청난 비용을 쏟아부을 만큼 돈이 남아돌면 차라리 지구에 쓰라는 비난도 있긴 했죠. 아무튼 이런 소식들을 통해 이제 우주여행이 막연한 공상이 아니라 좀 더 실현 가능한 무엇으로 다가온 느낌이 듭니다.

우주여행의 가장 큰 관건은 시간입니다. 과학기술이 아무리 발전해도 우주의 기본 물리법칙에 따르면 우주는 감히 짐작하기조차 어려울 만큼 크고 인간의 이동속도는 지나치게 느립니다. 아인슈타인의 상대성이론에 따르면 우주에서 빛보다 빠르게 움직일 수는 없죠. 움직이는 물체의 속도가 광속에 도달하는 순간 질량은 무한대가 되어 버리고, 무한대의 질량을 지닌 물체의 운동을 제어하려면 무한 에너지가 필요하기에 현실적으로 불가능합니다. 인간의 시간으로 보면 지나치게 먼 항성 간 여행을 가능하게 하는 이동방식에 대한 이론적 해결 장치로는 우주의 지름길인 웜홀 방식과 인간을 냉동 상태로 만들어 신체활동을 일시적으로 정지시키는 방식이 제시됩니다.

이 두 가지 방법 모두 SF영화의 시간여행에서 자주 등장하곤 합니다. 소위 우주의 지름길 '웜홀'을 사용한 공간이동은 〈스타워즈〉나 〈인터스텔라〉 등의 영화에 등장했습니다. 웜홀은 블랙홀과 화이트홀을 붙여서 멀리 떨어진 두 지역을 연결하는 가상의 지름길을 의미합니다. 웜홀을 이용하여 일종의 초공간 도약 혹은 와프(warp) 항법이라는 수단으로 순식간에 엄청난 장거리를 훌쩍 뛰어넘어버린다는 발상입니다. 하지만 웜홀은 여전히 이론적으로만 설명할 수 있을 뿐이죠.

그런데 아무리 빠른 속도로 이동해도 인간의 신체조건과 길어야 채 100년밖에 되지 않는 수명을 고려할 때, 장거리 우주여행은 여전히 부적절합니다. 이런 문제를 해결하는 방법이 바로 냉동수면이죠. 우주여행을 할 때, 우주선의 속도를 끌어올리는 데 한계가 있다면 우주선 탑승객들이 목적지에 도착할 때까지 냉동실에서 신체활동을 최대한 멈춘 상태로 생명을 유지하게 하는 것입니다. 이론적으로는 인체의 온도를 영하 196도까지 낮추면 신진대사가 사실상 멈추면서 세포조직을 보존 및 저장할 수 있게 된다고 하니까요. 만약 이것이 실현되면 앞으로 장거리 우주여행에서 수백 수천 년 동안 노화를 방지할 수 있을 것입니다.

1968년에 개봉한 영화 〈2001: 스페이스 오디세이(2001: A Space Odyssey)〉는 작고한 거장 스탠리 큐브릭 감독의 대표적인 SF 영화입니다. 이 영화는 인류가 달에 착륙하던 해인 1969년보다 빨리 제작되었지만, 현재 우리에게 익숙한 우주기술과 화상전화, 인공지능, 우주여행에 대한 내용 등에 대해 시대를 훌쩍 앞서 다룬 기념비적인 작품으로 평가됩니다. 이 영화에서는 캡슐형 침실에 냉동수면 상태로 있는 우주인을 미래적 비주얼로 그려냈고, 수많은 SF 영화에서 이 영화의 냉동수면 장면이 차용되었죠. 이후 냉동수면은 영화에서 종종 미래로 가는 타임머신과 유사한 기능을 하기도 합니다. 자고 일어나니 내가 알던 세상과 전혀 다른 세상이 되어버린 거죠. 지금은 비록 영화나 소설 속에만 존재하는 이야기들이지만, 인류사에서 상상이 현실이 된 사례는 적지 않습니다. 불과 2~30년 전만 해도 실현 가능성이라곤 '1도' 없어 보이던 일들이 현재에 속속 일어나고 있고, 변화의 속도는 점점 더 빨라지고 있으니까요. 그러니 지금은 비록 엉뚱하다고 생각되는 일들도 머지않아 실현될 수 있을지 모르죠.

냉동인간 기술, 어디까지 왔나?

◦ ◦ ◦

영화에서는 그저 사람이 동그란 캡슐처럼 뚜껑이 달린 침대에만 들어가 누우면 너무나 쉽게 동면 모드로 전환되는 것처럼 묘사됩니다. 때때로 알약 같은 걸 먹는 모습도 보여지기도 하지만, 마치 우리 몸 안에 무슨 스위치라도 작동하는 것처럼 간단히 동면에 빠져듭니다. 안타깝게도 현실은 인간의 복잡미묘한 생체활동을 그렇게 간단히 통제할 수 없습니다. 하지만 초능력을 가진 채 늙지 않고 100년 후 깨어난 캡틴 아메리카까지는 아니라도, 정말 냉동인간은 꿈같은 일일까요? 현재의 기술발전 수준도 엄청난데, 과연 냉동인간은 언제쯤 실현 가능한 걸까요?

먼저 냉동인간의 개념부터 살펴볼 필요가 있겠습니다. 냉동인간은 "비록 숨은 멎었더라도 세포가 살아 있다면 다시 소생할 수 있다."는 이론에서 출발합니다. 현대의학으로 도저히 치료할 수 없는 불치병 환자, 사망을 목전에 둔 고령자 등을 액화질소 속에 산 채로 얼려놓는 거죠. 너무 간단해 보이나요? 결코 간단한 과정이 아닙니다. 먼저 마취를 한 후에 체온을 떨어뜨려서 세포가 썩는 것을 막아야 하고, 혈액도 모두 빼내어 인공적으로 얼지 않는 부동액으로 교체해야 합니다. 또한 세포막이 터질 수 있기 때문에 몸안에 특수한 액체를 넣어 계속 순환시켜야 하죠. 이후 질소를 뿌려서 냉동하여 역시 특수 제작된 용기에 넣고 저장탱크에서 냉동 보관하는 것입니다.

세계에서 첫 번째 냉동인간의 사례로 거론되는 사람은 미국의 한 심리학자입니다. UC버클리(University of California, Berkeley)의 심리학과 교수였던 제임스 베드포드(James Hiram Bedford, 1893~1967)라는 사람이죠. 간암 판정을 받은 그는 1967년 75세의 나이에 미래에 암을 완전히 치료하는 방법이 나올 때까지 잠들어 있겠다며, 스스로 영하 196도의 질소탱크로 들어갔습니다.

현재의 기술 수준이 인간을 냉동시키는 단계까지는 도달한 것 같네요. 그럼 냉동인간을 어떻게 다시 돌아오게 할까요? 이론적으로는 가능합니다. 냉동인간을 해동하려면 액화질소 탱크에서 꺼내어 온도를 서서히 올려 녹여야 합니다. 그리고 인공으로 삽입한 부동액을 제거하고 그 자리에 도로 혈액을 채워 넣어야 하죠. 정상체온에 돌아오면 심폐소생을 통해 심장을 다시 뛰게 하는 것입니다. 하지만 어디까지나 이론적으로만 설명할 수 있는 과정이고, 이 과정은 아직 인간에게 시도된 바 없습니다. 동물실험에서도 아직은 성공 사례가 없다고 알려졌습니다.

비록 냉동인간을 깨어나게 한 성공 사례는 없지만, 세계에는 인체냉동 보존을 전문으로 하는 회사들이 존재합니다. 미국의 알코르(Alcor) 생명연장재단, 러시아의 크라이오닉스(Cryonics) 등의 연구소들이지요. 냉동인간이 되기 위한 비용은 2019년 기준으로 한화로 2억 원이 넘고, 머리만 냉동할 경우에도 1억 원 정도로 고비용이지만, 불치병 환자들의 신청이 계속 이어지고 있다고 합니다. 이미 연구소들에는 세계적으로 수백 명이 넘는 냉동인간들이 잠들어 있다고 하죠. 우리나라에도 2020년에 80대 노모를 크라이오닉스연구소에 냉동 보관을 의뢰한 사람이 있다고 전해집니다. 그리고 다른 선진국에서도 냉동인간 연구는 계속 추진 중입니다. 현재까지 가장 큰 관건은 뭐니 뭐니 해도 얼었던 뇌 기능을 회복하는 것입니다. 신장과 같은 기관은 정상 온도로 올리면 어느 정도 기능 회복이 가능하다고 알려져 있지만, 뇌의 경우 현재까지의 기술력으로 뇌세포 손상을 완전히 복원할 수 없기 때문입니다.

인간의 상상은 어디까지 현실이 될까?

○ ○ ○

냉장고 안에서 수십, 수백 년을 잠들어 있다가 깨어나는 상상을 잠시 해보았습니다. 일단 기능이 완벽하게 정상적으로 회복된다고 하더라도, 내가 전혀 알지 못하는 낯선 세상에 느닷없이 던져져 살아가야 한다면 과연 어떤 기분일까요? 쉽게 상상이 되지 않습니다. 그럼에도 불구하고 냉동인간에 대한 연구는 계속 진행 중이며, 일부 전문가들은 2045년 정도면 최초로 냉동 상태에서 소생에 성공하는 인간 사례가 나올 것으로 예상하고 있다고 합니다.

하늘을 날고, 달나라에 가고, 바닷속을 여행하는 등 인간의 오랜 꿈과 상상력은 과학기술을 발전시키는 원동력이 되었고, 인류의 삶을 점점 더 편리하게 바꾸어왔습니다. 예컨대 신화에서 백랍(白蠟)으로 만든 날개를 달고 하늘로 날아올랐다가 태양에 날개가 타서 추락해버린 이카로스로 묘사된 날고 싶은 인간의 오랜 소망은 결국 비행기를 만들었죠. 쥘 베른의 소설 《해저 2만리》에 등장하는 잠수함 노틸러스 호는 미국 최초의 원자력 잠수함의 모형이 되었고, 또 다른 소설 《달나라 탐험》도 인류의 현실이 되었습니다.

물론 인간의 상상이 모두 현실이 된 것은 아닙니다. 스탠리 큐브릭 감독의 영화 〈스페이스 오디세이〉의 배경이 된 2001년은 이미 지나버렸지만, 영화 속에 묘사된 만큼의 인공지능 기술은 아직 요원하니까요. 각종 SF영화에 등장해온 냉동인간도 아직이고, 조지 오웰의 소설 《1984》에서 상상한 1984년의 디스토피아 세계도 오지 않았습니다. 하지만 인간의 상상력은 무한하고, 상상력에 기술의 진보가 더해져 유례없는 속도로 세상이 빠르게 달라지는 요즘, 불확실성은 점점 더 짙어지고 있습니다. 너무 순식간에 변화가 계속되다 보니 변화를 예측하기조차 점점 더 어려워진 만큼 머지않은 미래에 우리의 상상을 벗어난 충격적인 세상이 펼쳐질지 모른다는 불안함도 지우기 어렵습니다. 이럴 때일수록 더 깊이 생각하고 성찰하는 능력이 필요합니다. 변화에 이리저리 휩쓸리며 표류하지 않고 우리다움을, 인간다움을 지켜낼 수 있는 든든한 뿌리가 되어줄 테니까요.

세계적인 물리학자 스티븐 호킹 박사는 생전에 인류가 계속 생존하려면 다른 행성으로 갈 준비를 해야 한다고 주장했습니다. 인류의 끝없는 탐욕에서 야기된 무분별한 행동이 낳은 환경오염, 기후변화는 지구의 멸망을 가져올 수 있기 때문이라는 것이죠. 평화로운 지구에 대체 언제부터 환경오염, 지구온난화 등의 무시무시한 단어들이 언급되었을까요? 그것은 1760년 영국에서 시작되어 100여 년 동안 유럽, 북미, 아시아로 확대된 근대 산업혁명 이후부터라고 합니다. 제철 사용, 증기기관 발명, 석탄 생산 그리고 화학물질 대량생산 등의 기술혁신은 도시를 발달시키고 경제성장을 가져왔습니다. 하지만 화석연료인 석탄, 석유 등의 대대적 사용은 갖가지 환경문제를 일으켰죠. 그 결과 인류에게 '아낌없이 주는 나무'와도 같았던 지구는 이제 더 이상 인류를 포용할 만한 여력이 남지 않고 말았습니다. 1년 내내 차가운 것을 얻고 싶은 인간의 욕망에서 시작된 과학기술의 산물인 냉장고 또한 냉매로 사용하는 프레온가스가 지구 오존층 파괴의 주범으로 지목되면서 편리함 이면에 있는 환경문제를 돌아보게 했습니다. 편하다는 이유로 쉽다는 이유로 인류가 영원토록 살아가야 할 지구를 파괴하는 행위를 이제는 멈추어야 할 때입니다.

5장

"다 함께 지구를 지켜라!"

냉장고와 환경문제

01 오존층

냉장고, 지구의 뚜껑을 위협하다

최근 세계 곳곳이 이상기후로 몸살을 앓고 있습니다. 얼마 전 뉴스에서 북미 서부지역을 강타한 40도를 넘는 폭염 소식을 접했습니다. 캐나다 브리티시컬럼비아 주 리턴 지역 온도가 무려 47.9도를 기록하여 최고 기록을 갈아치웠습니다. 폭염의 영향으로 고속 경전철과 전차 운행까지 중단되었다고 합니다.[1] 미국을 강타한 폭염으로 인해 강물의 수온마저 급격하게 상승하여 산란을 위해 강물을 거슬러 오르던 홍연어가 화상을 입어 살갗이 터져버린 충격적인 영상까지 소개되었죠. 당시 강물의 수온이 섭씨 21도였는데, 이 정도 수온에서 연어가 헤엄치는 것을 우리 인간에 비유하면 섭씨 38도의 무더위 속에서 강

1. 이효용, 〈북미 서부 100여년만의 폭염... 경전철 · 식당 운영 중단〉, 《KBS》, 2021.06.30. 기사 참조

제로 마라톤을 뛰어야 하는 처지와 비슷하다고 합니다.[2]

벌써 수년째 여름이면 세계 곳곳에서 살인적인 폭염 소식이 전해집니다. 심지어 폭염의 위세는 해가 바뀔수록 점점 더 심각해지는 것 같습니다. 식물들의 잎은 바짝 말라버리고 동물, 나아가 바닷속 물고기까지 더위를 이기지 못해 떼죽음을 당했다는 소식은 이제 더 이상 새삼스럽지 않습니다. 이와 반대로 겨울에는 한여름 무더위가 무색할 만큼 동장군이 기승을 부립니다. 엄청난 추위와 함께 강풍과 폭설이 몰려오며 곳곳에서 동파 사고와 지역 고립, 교통 대란 등을 일으키고 있죠. 우리나라도 수년 전부터 여름에는 폭염, 겨울에는 한파가 번갈아 찾아오고 있습니다.

제트기류가 내려온다!

○○○

폭염과 한파를 비롯한 지구 곳곳에서 일어나는 기후변화의 원인으로 지구온난화가 꼽히고 있습니다. 〈지구온난화 1.5도 특별보고서〉의 내용에 따르면 지구의 온도는 약 1도 정도 상승한 것으로 추정하고 있습니다. 앞으로 2030년~ 2052년 사이에는 1.5도에 도달할 가능성이 있다고 하는군요. 실내온도 1도 차이를 생각하면

2. 홍희정, 〈50도 폭염에 뜨거워진 강…물속에서 익어간 연어들〉, 《JTBC》, 2021.09.29. 기사 참조

이까짓 게 무슨 대수일까 싶을지도 모릅니다. 하지만 지구 온도가 1.5도 올라가는 것만으로도 곤충의 6%, 척추동물의 4%는 기후지리적 분포 범위의 절반 이상을 잃고 말 것이라고 합니다. 이 보고서에서는 지구에서 육지면적의 약 6.5%가 다른 유형의 생태계로 전환될 것이라고 전망하고 있죠. 해마다 우리를 힘들게 하는 폭염이나 한파 또한 지구온난화와 깊은 관련이 있다고 합니다.

혹시 제트기류라는 말을 들어보았나요? 기류란 하늘 위 공기의 흐름을 말합니다. '해류'라는 말은 알고 있죠? 네, 바닷물에도 흐름을 말합니다. 공기에도 마찬가지로 흐름이 있습니다. 제트기류(jet

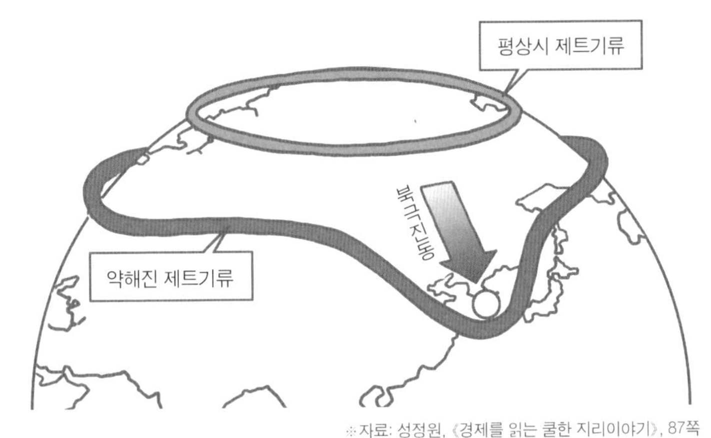

※자료: 성정원, 《경제를 읽는 쿨한 지리이야기》, 87쪽

북극진동

지구온난화로 인해 제트기류가 약해지면서 북극에 머물러야 할 차가운 공기가 점점 중위도로 내려오고 있다. 이로 인해 북극의 차가운 공기가 중위도로 전파되어 우리나라에도 엄청난 한파를 일으키고 있는 것이다.

stream)란 대류권의 상부 또는 성층권에 수평으로 부는 강한 공기 흐름을 말하죠. 제트기류의 풍속은 최대 500㎞/h에까지 이르기도 한다고 하네요. 제트기류는 대기를 고루 섞어주는 역할을 하며 지구의 온도가 일정하게 유지되는 데 기여합니다. 그런데 최근 이 제트기류가 점점 약해지고 있다고 합니다. 원래 제트기류는 매우 빠른 속도로 서쪽에서 동쪽으로 회전합니다. 이 강력한 기류로 인해 차가운 북극 공기는 중위도 지방으로 내려올 수 없었죠. 하지만 지구온난화로 인해 제트기류의 강도가 점점 약해져 파동이 일어나는데, 이를 '북극진동'이라고 합니다. 이 파동을 타고 제트기류의 한기가 중위도 지방까지 내려온 것입니다. 최근 우리나라 겨울에 몰아닥친 엄청난 한파는 바로 약해진 제트기류 때문이죠.[3]

이렇게 제트기류가 약해진 데는 오존층 파괴의 영향이 적지 않다고 합니다. 최근 인류의 노력으로 오존층이 다소나마 회복되면서 남반구의 제트기류가 조금씩 정상궤도로 돌아오고 있다는 연구 결과도 전해지고 있습니다. 오존층 회복이 환경문제 해결의 만능열쇠는 아닐지 모르지만, 핀란드 기상연구소의 지질학자 알렉세이 카르페쵸(Alexey Yu. Karpechko)는 "인간이 나서면 기후변화를 막을 수 있다는 것을 보여준다."고 평하기도 했습니다.[4]

3. 성정원, 《경제를 읽는 쿨한 지리 이야기》, 맘에드림, 2019, 87쪽 참조
4. 임병선, 〈인류, 이대로 죽을 순 없다...망가진 오존층 회복중〉, 《뉴스펭귄》, 2020.03.26. 참조

지구를 보호하는 뚜껑에 대체 무슨 일이?

○ ○ ○

오존층은 오른쪽 그림(199쪽 참조)과 같이 성층권에 형성된 많은 양의 오존이 있는 높이 25~30킬로미터 사이를 말합니다. 적도 부근에서 측정한 오존 농도는 약 260돕슨단위(DU, Dobson Unit)[5] 북극은 최대 450DU, 남극은 380DU 정도라고 합니다. 말하자면 오존은 우리 지구를 뒤덮고 있는 지구 대기의 일부라고 할 수 있죠. 그런데 환경오염으로 인해 이 오존층이 파괴되며, 그 밀도가 점점 낮아지고 있는 것입니다.

오존(O_3) 자체는 산소 원자 3개로 이루어진 불안정한 분자인데, 독성이 매우 강합니다. 만약 우리가 오존에 직접 노출된다면 극소량이라도 아마 치명적인 결과로 이어질 것입니다. 그럼에도 불구하고 오존은 태양에서 들어오는 자외선을 일부 차단해주는 역할을 하기 때문에 지구에 없어서는 안 됩니다. 만약 지구의 대기층에서 오존층이 사라지면 어떻게 될까요? 아마도 자외선이 여과 없이 지상으로 모두 도달하여 지구상에는 그 어떤 생물도 살아남지 못할 것입니다. 이렇게 볼 때 오존층은 지구를 보호해주는 일종의 뚜껑 같은 역할을 하고 있다고 볼 수 있겠네요.

5. DU, 표준기압인 1 기압과 표준온도인 0℃에서, 단위 체적당 대기권 내의 오존 농도를 오존층의 두께로 변환하여 표시한 단위

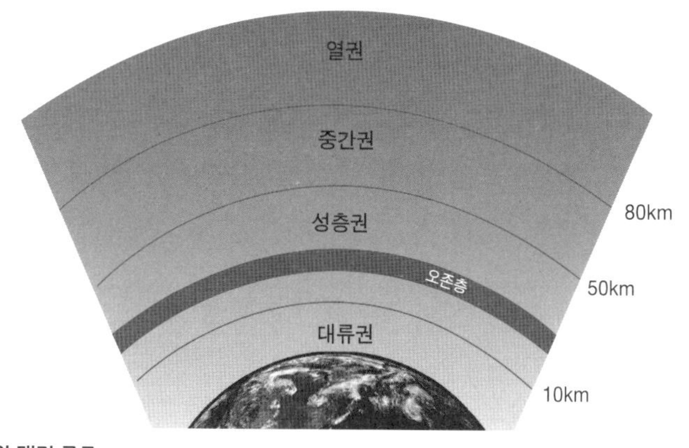

지구의 대기 구조
오존층은 성층권에 형성된 오존 밀도가 상대적으로 높은 곳을 말한다. 이곳에 구멍이 뚫리면서 다양한 문제들을 일으키고 있다.

냉장고, 오존층 파괴의 주범으로 지목되다

○ ○ ○

앞 장에서 냉장고가 음식을 차갑게 하는 과학 원리를 살펴본 것을 기억할 것입니다. 네, 물질의 상태가 변화하면서 열을 방출하고 반대로 흡수하는 과정을 반복함으로써 냉장고 안은 계속 차갑게 유지될 수 있다고 했죠? 이렇게 냉장고 안에서 끊임없이 순환하며 액체가 되었다가 기체가 되었다가 하는 물질을 냉매라고 부른다고 설명했습니다.

많은 과학자들이 오존 파괴의 주범으로 프레온가스를 지목하였습니다. 프레온은 염소와 불소를 포함한 일련의 유기화합물을 통

오존홀

오존홀(ozone hole)은 1982년에 처음으로 확인되었다. 하지만 처음 오존홀을 발견했던 당시만 해도 이를 그리 심각한 문제로 받아들이지는 않았다. 그러다가 11년이 지난 1985년 영국의 남극조사팀에 의해 남극오존층 파괴 현상이 있음이 발견되었다. 이후 1987년 10월에는 오존홀이라 불리는 오존층에 구멍이 뚫리는 현상이 나타났고, 남극 상공에서의 오존양 95%가 파괴되었다는 것을 알게 된 것이다. 이로써 1970년에 관측된 오존량의 반 이하로 감소된 것이 밝혀졌고, 그 심각성이 인식되기 시작했다.

틀어 지칭하는 염화불화탄소(CFC)를 말합니다. 프레온가스(CFCs)는 미국의 제너럴모터스(GM)사에서 냉장고의 냉각제로 개발되어 듀폰(Dupont)사에서 '프레온'이라는 상표명으로 생산된 것입니다. 사실 냉매로서 프레온은 매우 우수합니다. 초창기 프레온에 대한 평가는 휘발성이 높아 냉매에 적합한데다가 암모니아와 달리 독성도 없고, 심지어 폭발 위험이 없는 불연성을 지닌 이상적 화합물로서 프레온 이전에 사용된 암모니아를 대체할 수 있는 냉매로 주목을 받았죠. 한때 꿈의 물질로까지 불렸습니다. 하지만 문제는 프레온가스가 자외선과 만났을 때입니다.

프레온가스는 자외선을 받으면 분해가 되면서 염소분자(Cl)를 방출하는데 바로 이 염소가 오존분자를 파괴하는 것입니다. 연구에 의하면 염소분자 하나가 천에서 수십만 개의 오존을 파괴한다고 합니다. 프레온가스는 불연성이고 화학적으로 안정적인 물질이라 낮은 대기권에서는 분해되지 않은 채 성층권까지 올라갑니다. 그런데 성층권에 도달한 프레온가스가 자외선을 만나면서 오존층을 파괴하는 거죠. 심지어 대기로 방출된 프레온가스는 무려 100년이나 대기 중에 머문다고 합니다. 프레온가스를 대체하는 물질로 1980년대에 도입되어 냉장고와 에어컨 냉매로 활용되는 수소불화탄소(HFC) 또한 이산화탄소의 1만 배 이상 강력한 온실가스 물질로 알려졌습니다.

이제는 오존층 파괴로 인한 지구온난화 문제의 심각성에 전 세계가 주목하면서 함께 머리를 맞대고 이 문제를 해결하려는 노력이 이루어지고 있습니다. 먼저 1987년에 캐나다 몬트리올에 23개 나라의 대표들이 모였습니다. 이 자리에서 프레온가스의 생산과 사용을 1998년까지 절반 수준으로 줄이는 데 합의했죠. 이것이 바로 **몬트리올 의정서(Montreal Protocol)** 합의입니다. 1987년 9월 16일에 채택되어 1989년 1월에 발효되었죠. 그리고 1994년 유엔에서 몬트리올 의정서 채택을 기념하여 매년 9월 16일을 '세계 오존층 보호의 날'로 지정하기도 했죠.

우리나라에서도 '세계 오존층 보호의 날'을 기념하여 민간 환경단체인 그린스카우트와 환경운동연합에서 오존층 보호 캠페인 등을 벌이기도 합니다. 하지만 오존층 파괴는 여전히 계속되고 있습니다. 한 번 방출된 프레온가스가 대기 중에서 사라지지 않은 채 100년이나 머물기 때문이죠. 따라서 배출량을 더더욱 대폭 줄일 수밖에 없습니다. 그래서 프레온가스를 포함해 오존층 파괴물질의 생산과 사용에 대한 좀 더 강력한 규제를 위해 더 많은 나라들이 힘을 모으고 있습니다.[6]

오존층 파괴에 대한 국제사회의 관심이 지속되며 나름대로 해결 방안을 모색하고 있는 점은 다행입니다. 하지만 우리 개개인도 생활 속에서 작은 실천이 필요합니다. 예컨대 냉장고 온도를 너무 낮게 설정하거나 지나친 냉방 사용을 자제하는 것, 스프레이를 사용하지 않는 것 등의 사소한 행동도 오존층 파괴를 줄이는 데 도움이 됩니다. 또한 일회용품의 무분별한 사용도 자제해야 합니다. 일회용품 등 쓰레기를 소각할 때 발생하는 이산화탄소도 오존층 파괴를 일으킬 수 있으니까요. 앞으로 우리나라는 2029년까지 수소불화탄소 배출량의 80%를 감축해야 합니다. 모두가 힘을 합쳐 노력한다면, 오존층의 구멍도 조금씩 회복되어가지 않을까요?

6. 윤경철, 《대단한 지구여행》, 푸른길, 2011년 참조

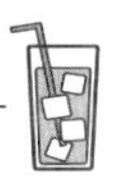

탄소중립

지구온난화를 일으키거나 심화하는 이산화탄소, 메테인, 아산화질소, 과불화탄소, 수소불화탄소, 육불화황의 6대 유해 온실가스를 배출할 수 있는 권리를 탄소배출권이라고 한다. 기업은 정해진 탄소배출권의 범위 안에서만 온실가스를 사용할 수 있다. 하지만 여기에 머물지 않고 나아가 2050 탄소중립이 글로벌 패러다임으로 대두되고 있다. 2050년까지 온실가스의 배출량과 흡수 및 제거량을 일치시킴으로 플러스 마이너스 제로의 원리로 탄소의 순배출량이 0이 되는 개념을 말하는데, 넷제로(Net-Zero)라고도 한다. 2020년에 우리나라도 탄소중립을 선언하고, 2050년까지 이를 달성하기 위한 추진전략을 수립하여 발표하기도 했다. 앞으로 30여년의 시간이 남았다. 우리나라의 경우 산업구조상 제조업의 비중이 높고, 철강과 석유화학처럼 탄소를 많이 배출하는 산업에 대한 의존도가 높은 점 등으로 인해 탄소중립에 이르기까지 넘어야 할 산이 많다. 반면 장점도 있다. 우리나라는 배터리 수소 등 우수한 저탄소기술을 보유하고 있고, 전통적인 디지털 강국인 만큼 탄소중립의 달성이 오히려 기업의 새로운 성장동력이 될 수 있기 때문이다. 최근 ESG 경영이 주목받고 있는데, 기업의 비재무적 요소인 환경(Environment), 사회(Social), 지배구조(Governance)의 약자로 인류의 지속가능한 발전을 위해 기업이 과거의 재무적 성과만을 중시하던 데서 벗어나 사회, 윤리적 가치를 실현하는 데 주목하는 것을 말한다. 앞으로 기업의 자발적인 협조와 노력도 중요하겠지만, 우리도 일회용 플라스틱 사용의 자제, 냉난방 온도조절 등 일상에서 탄소배출을 줄이기 위한 노력을 꾸준히 실천할 필요가 있다.

02 이기심

냉동실을 꽉 채운 고기, 이대로 괜찮을까?

요즘처럼 지천에 먹거리가 넘쳐나는 세상을 살아가는 여러분은 쉽게 상상하기 어렵겠지만, 인류는 꽤 오랜 시간 혹독한 굶주림의 시절을 보내야 했습니다. 특히 인류의 조상이 농경과 정착 생활을 하기 이전에 이리저리 옮겨다니며 사냥과 채집을 하던 시절에는 먹을 것이 더더욱 귀했을 것입니다. 사냥이라도 하려면 부상의 위험을 감수하거나 때론 목숨까지 걸어야 했고, 그나마도 실패할 때가 많았을 것입니다. 사냥에 성공해 모처럼 고기를 잡아도 먹다 남은 고기를 오래 보관하기 어려웠을 것입니다. 사실 먹고 남을 만큼 풍족한 양을 사냥하기도 힘들었겠지만, 아무튼 대부분 먹어 치우거나 아니면 다른 야생동물들이 남은 고기를 처리해주었을 테니 음식물 쓰레기는 거의 나오지 않았을 것입니다. 만약 그들이 타임머신을 타고 날아와 오늘날 아예 소비되지도 못한 채 그냥 쓰레기처럼 버려지는 고기들을 본다면 아마도 놀람을 넘어 크게 분노할지도 모릅니다.

냉동육, 전 세계로 유통되다

앞서 살펴본 것처럼 지금처럼 자본 집약적 대규모 축산업이 크게 발달하게 된 데는 냉장고의 공이 지대합니다. 소나 돼지, 닭 등을 대량으로 사육하여 고기 생산량을 늘린다고 해서 그것이 끝은 아니니까요. 도축한 고기를 오래도록 신선한 상태로 보관할 수 있어야 합니다. 오늘날 꽁꽁 얼린 냉동육들은 지역 간 이동을 넘어, 바다 건너 전 세계 곳곳으로 유통되고 있습니다.

대규모 축산업 발달 덕분에 고기 생산량 또한 크게 늘어났고, 냉동기술의 발달로 오랫동안 신선도를 유지할 수 있게 됨에 따라 우리는 과거에 비하면 비교적 싼 값에 고기를 쉽게 사 먹을 수 있게 되었습니다. 축산업의 발달은 인류의 전반적인 건강 증진에 이바지한 것이 사실입니다. 누구나 고기를 쉽게 접할 수 있다 보니 과거보다 양질의 단백질 공급이 원활해지면서 평균신장이나 몸무게 등의 체격조건도 크게 향상되었으니까요. 우리나라도 이미 육류 중심의 서구화된 식생활로 변화된 지 오래이며, 그와 함께 육류 소비량도 가파르게 늘어났습니다.

냉장고에서 냉장실은 냉기가 잘 통하도록 60% 정도만 채우는 것이 에너지 절약에 도움이 되지만, 반대로 냉동실은 꽉 채우는 것이 더 좋다고 합니다. 따라서 냉동실은 아이스팩이나 얼린 페트병이라도 넣어서 100% 채우는 것이 좋다고 하는군요. 일반 가정집 냉장고를 열어봐도 각종 냉동식품과 함께 고기들을 잔뜩 채워두는 경우가 많습니다. 물론 에너지 절약 차원에서 냉동실을 꽉꽉 채웠다고 볼 수도 있겠지만, 찬거리가 마땅치 않을 때 고기만 조금 구워도 어쩐지 밥상이 풍성해지는 느낌이 들죠. 물론 선택지가 냉동육만 있는 건 아닙니다. 냉장육도 있습니다. 특히 우리 한우는 세계적으로도 최상의 맛을 자랑하기는 합니다. 다만 매일 사먹기에는 다소 가격이 부담스럽습니다. 한우의 가격이 부담스럽다면 돼지고기도 있고, 또 합리적인 가격에 수입산 냉장육도 어디서든 구할 수 있죠. 그저 취향에 따라 고르면 됩니다.

이처럼 워낙 고기가 흔한 세상이 되다 보니, 오히려 지나친 육식 섭취로 인한 다양한 건강 문제가 일어나고 있다는 것이 또 다른 골칫거리로 떠오를 정도입니다. 특히 우리나라 사람들의 고기 사랑은 유별나죠. 거리에 넘쳐나는 음식점들 중에서도 고깃집이 차지하는 비중이 매우 높은 것만 봐도 잘 알 수 있습니다.

하지만 빛이 있으면 그림자가 따르는 법입니다. 우리가 맛있게 고기를 즐기는 동안 안타깝게도 환경은 나날이 파괴되었습니다. 특히 자본집약적 대규모 축산업의 발달로 인한 환경오염 문제의 심각성이 제기된 것은 어제오늘의 일이 아닙니다. 사실 우리 인류는 편리 추구라는 이기적인 욕망과 눈부신 성장에 취해 오랜 시간 다른 것들을 제대로 돌아보지 못했습니다. 특히 기나긴 인류사 전체에 비해 산업혁명 이후로 현재까지 비교적 짧은 기간에 성장이 집중되었고, 그러한 급속한 성장 뒤에는 지구의 희생이 뒤따랐습니다. 산업과 과학기술 등의 발전이 가져온 수혜에 취해 너무 오랫동안 환경문제에 무심해왔던 것입니다. 전 세계가 환경문제에 비로소 관심을 기울이기 시작한 것도 거의 20세기 후반에 이르러서니까, 불과 몇십 년밖에 지나지 않았죠.

소 한 마리를 키우기 위해 희생되는 것들

○ ○ ○

육식에 대한 인간의 탐욕과 이를 충족하기 위한 과잉 생산은 지구 환경을 파괴하고, 종국에는 인류의 파멸까지 불러올 수도 있다는 경고가 여기저기에서 제기되고 있습니다. 실제로 지구온난화의 주범으로는 크게 늘어난 육류 소비가 꼽히고 있습니다. 특히 소고기를 먹기 위해서는 완두콩을 재배할 때에 비해 60배가 넘는 온실가스가 발생한다고 합니다. 옥스퍼드대학의 조지프 푸어 교수 연구팀이 《사이언스》에 게재한 논문에서 전 세계 온실가스 배출량의 4분의 1이 식품 생산에서 발생하고 있고, 이 중 58%를 동물성 제품이 차지하고 있는데, 동물성 제품 중 소고기와 양고기가 차지하는 비중이 절반 이상인 것으로 조사된 것입니다.

사실 먹음직스럽게 마블링이 수놓인 소고기가 뜨거운 프라이팬 위에서 지글지글 익어가는 상상만 해도 벌써 군침이 돕니다. 하지만 혹시 소고기 1kg을 생산하는 데 곡물과 물이 얼마나 소비되는지 알고 있나요? 디보션푸드의 박형수 대표는 세계일보와의 인터뷰에서 이렇게 말했습니다.

> "소고기 1kg을 생산하기 위해서는 곡식 7kg과 물 10만ℓ 가 필요하다. 또 모든 교통수단이 내뿜는 메탄가스보다 4배 많은 메탄가스가 발생한다."[7]

식품 1kg당 뿜어내는 온실가스의 양을 비교해보면 소고기가 60kgCO2-eq[8], 돼지고기가 7.0kgCO2-eq, 쌀 4.0kgCO2-eq, 콩 0.9kgCO2-eq 등으로 나타납니다(209쪽 그림 참조). 단순 비교만으로도 다른 식품에 비해 소고기가 월등히 높다는 걸 알 수 있죠.

유엔식량농업기구(FAO)에 따르면 전 세계의 온실가스 배출량의 17%가 가축을 키우면서 발생한다고 합니다. 이 중에서 특히 육

7. 남혜정, 〈온실가스 17% 축산업서 배출… '대체육'으로 환경오염 줄인다 [연중기획 - 지구의 미래]〉, 《세계일보》, 2020.6.25.
8. kgCO2-eq: 온실가스총량을 의미하는 단위

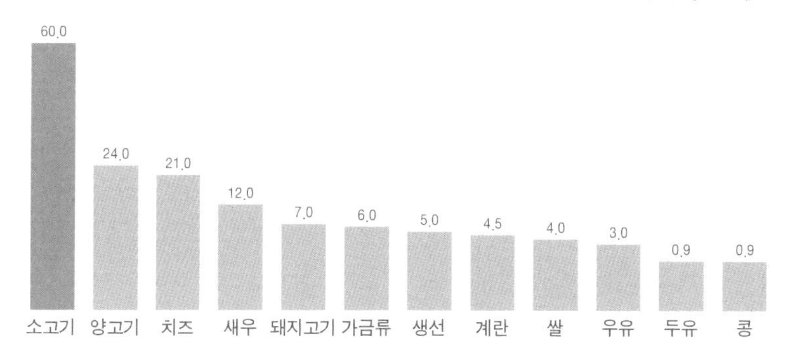

식품 1kg 생산에 배출하는 온실가스양의 비교

전세계 온실가스 배출량의 4분의 1이 식품 생산과정에서 발생하는데, 그중 동물성 제품이 차지하는 비중이 절반 이상인 58%를 차지하고, 동물성 제품 중에서도 소고기가 차지하는 비중이 압도적으로 높다.

류제품과 관련된 비중이 61%가 넘는다고 합니다. 그럼에도 여전히 사람들이 먹는 고기의 양은 매해 꾸준히 증가하고 있고, 전 세계 사람들을 먹이기 위해 소, 돼지, 닭 등의 동물 600억 마리가 매년 도살되고 있다고 합니다. 엄청난 소비 증가 추세에 맞추어 축산 공장 또한 계속해서 많이 지어지고 있죠. 2019년 8월 스위스 제네바에서 IPCC[9] 제50차 총회에서 채택된 보고서에 따르면 고기와 유제품 등의 소비율의 증가가 지구온난화를 가속화한다고 지적되고 있습니다.

9. 기후변화에 관한 정부간 협의체(Intergovernmental Panel on Climate Change)

육류 소비, 이대로 좋은가요?

◦ ◦ ◦

혹시 알고 있나요? 공장식 육류 생산의 근거지인 축산 공장도 그 자체로 지구 환경을 파괴하는 주범 중 하나로 꼽힙니다. 대규모 축산 공장을 지으려면 일단 넓은 땅이 필요합니다. 최근 아마존 산림 파괴 문제가 기후위기의 주범으로 지목되며 국제사회에서 문제가 되고 있죠? 그런데 아마존 산림을 파괴하는 이유의 80%가 다름 아닌 소를 키우기 위한 것이었다고 합니다. 숲이 파괴되면 수십억 톤의 이산화탄소가 대기 중으로 방출되고, 나무를 모두 베어버리면 이산화탄소 자정 능력이 떨어져 기후변화는 더욱더 가속화될 수밖에 없습니다.

미국의 세계적인 경제학자이자 사회사상가인 제러미 리프킨(Jeremy Rifkin) 교수는 그의 책 《육식의 종말》에서 육식을 즐기기 위한 인간의 파괴적 행위를 설명합니다. 가령 온두라스에서는 쇠고기를 생산 · 수출하기 위해 경작지의 60%를 육우용 목초지로 사용하고 브라질의 경우에는 1966년부터 1983년 사이에 우리나라 크기만 한 땅을 목초지로 개발하기 위해 열대 우림의 38%를 훼손했다고 합니다. 또 일부 열대 및 온대 지역에서는 지나치게 많은 소를 방목해서 목초지의 자생력이 떨어져 식물이 더 이상 자랄 수 없을 정도로 황폐화되고 있으며, 초지의 식물을 먹이로 삼아 살아가는 조류, 초식동물들이 사라지고 있다고 지적했습니다.

또한 소들을 먹이기 위해 재배하는 작물을 키우는 데는 엄청난 지하수도 사용되고 있습니다. 예컨대 450그램짜리 스테이크 하나를 생산하려면 사료 작물을 재배하는 데만 무려 수백 리터의 관개용수가 필요하다고 합니다. 소에게 먹일 사료 작물을 키우는 데 그만큼 엄청난 물이 소비되고 있다는 뜻입니다. 그래서인지 이미 미국의 중서부와 대평원에 위치하는 주들의 지하수면이 급격하게 낮아지고 있다고 합니다.

게다가 소들은 지구온난화를 일으키는 온실가스 중 하나인 메탄을 방출합니다. 소는 다른 동물들과 다르게 소화력이 좋아서 질긴 풀도 잘 먹습니다. 소의 위에는 소화를 돕는 수많은 미생물이 살고 있는데 이 미생물이 소화를 돕는 과정에서 많은 메탄가스가 발생한다고 합니다. 이 메탄가스가 소의 방귀로 배출되고, 대부분의 메탄은 소의 트림으로 나온다고 하죠. 그런데 이 메탄은 온실가스 중 이산화탄소 다음으로 많은 비중을 차지하고 있습니다. 메탄 방출은 지구온난화 현상의 18%를 차지하는데 전 세계 13억 마리의 소가 내뿜는 메탄은 약 6,000만 톤, 즉 전체 메탄가스 방출의 12%에 해당된다고 하니 결코 무시하기 어려운 비중입니다. 우리 식탁에서 오늘부터 당장 육류를 모두 빼버릴 수야 없겠지만, 육류 소비가 미치는 환경 파괴에 대해서는 한번쯤 곰곰이 생각해볼 필요가 있습니다.

냉장고는 고기의 대량 생산과 유통에 크게 기여했습니다. 그 덕분에 우리도 고기를 풍족하게 섭취할 수 있게 되었고 우리의 영양 상태나 발육상태도 과거에 비해 훌쩍 향상되었죠. 하지만 점점 더 많은 고기를 생산하기 위해 더 많은 숲이 가차 없이 파괴되고, 지하수가 말라버리고 있으며, 가축에게 먹일 사료로 엄청난 양의 곡물이 소비되고 있습니다. 심지어 그렇게 과잉 생산된 육류는 미처 다 소비되지도 못한 채 그냥 쓰레기처럼 버려지기도 합니다. 더 큰 문제는 전 세계인이 모두 먹거리의 풍요 속에서 살아가는 것은 아니라는 점입니다. 지구 어딘가에는 곡물 한 톨 구하기 어려워 기아에 허덕이거나 마음껏 마실 깨끗한 물조차 없어 심하게 오염된 물을 어쩔 수 없이 식수로 마시는 사람들이 존재하니까요. 이런 이야기를 하면 불편한 마음이 생길 수도 있습니다.

'아니, 내가 숲을 파괴한 것도 아닌데,
고기도 내 맘대로 먹지 말란 얘기야?'

하지만 과유불급(過猶不及)이라는 말도 있습니다. 너무 많은 양의 고기 생산을 위해 가축보다 훨씬 더 많은 곡물이 사료로 소비되고, 곡물을 재배하는 데 또 엄청난 물이 소비되고 있습니다. 심지어 사료로 쓰일 곡물이 부족하여 초식동물에게 고기로 만든 사료를 먹이는 일까지 벌어지고 있죠. 더 큰 규모의 축산 공장을 더 많이 짓기 위해 엄청난 산림이 파괴되고 이로 인해 야기되는 환경문제는 또 어떻게 해야 하나요? 심지어 세계인이 모두 공평하게 배불리 먹을 수도 없는데 말이죠. 이것이 과연 바람직한 방향일까요?

역사적으로 인류는 갈망하는 것을 이루기 위해 끊임없이 노력했고, 그 결과 현재의 놀라운 발전도 이루었습니다. 냉장고 또한 인류가 갈망하는 것을 이뤄내고자 끊임없이 노력하고, 빛나는 창의성을 발휘하여 얻게 된 수없이 많은 결과물들 중 하나입니다. 하지만 인류의 갈망을 실현하려는 노력이 혹시 너무 이기적인 탐욕 추구로 흘러온 것은 아닌지 반성하고 돌아볼 때입니다. 이러한 인간의 이기심과 탐욕에 대한 청구서가 하나 둘씩 날아오고 있으니까요. 마트에 가면 냉장고에 다양한 종류의 육류가 부위별로 포장되어 잔뜩 채워져 있습니다. 이제는 개인의 맛 취향을 넘어 조금 다른 관점에서 육식을 바라볼 때가 아닌가 생각합니다.

03 부패

냉장고가 안전하다는 착각

우리는 그동안 냉장고가 우리 인류의 삶에 가져온 다양한 변화들을 살펴보았습니다. 경제, 사회, 문화, 과학 등이 복잡하게 얽히고설킨 이야기들이었죠.

그래도 아직까지 우리에게 냉장고는 뭐니 뭐니 해도 먹거리의 신선도를 오랫동안 보존해주는 생활 필수가전이라는 생각이 가장 먼저 떠오를 것입니다. 하루에도 몇 번씩 냉장고 문을 열어보며 뭐 먹을 만한 게 없는지 두리번거릴 테니까요. 상온에서 보관할 수 있는 몇몇 식재료들을 제외하고 매일의 먹거리를 담아내고 또 지켜주는 냉장고! 1인 가구라면 식재료를 보관했다가 요리하기보다는 주로 간편식을 냉장고에 채워두거나 먹다 남은 배달음식을 냉장고에 넣어두겠죠. 그래서인지 웬만한 가정의 냉장고는 늘 이런저런 음식물로 가득 채워져 있습니다.

냉장고 문을 열어보니…

◦◦◦

인간은 누구나 먹고 마십니다. 먹고 마시는 행위는 생존하는 것을 넘어 하나의 문화가 되었습니다. 특별한 날이면 분위기가 근사하거나 맛으로 소문난 유명 식당을 검색해 찾아가는 사람들이 많습니다. 또 쇼셜미디어가 발달하면서 먹기 전에 음식 사진을 찍어 SNS에 올리거나 가족이나 친구들에게 정보를 공유하기도 합니다.

냉장고의 발달과 함께 식재료나 식품의 장거리 유통이 가능해지면서 우리의 밥상도 다채로워졌습니다. 이제 음식의 지역 경계는 희미해졌죠. 평범한 가정집 냉장고 안에서도 지역해체를 쉽게 확인할 수 있습니다. 냉장고를 열면 통영에서 양식한 굴이나 남해의 젓갈들처럼 전국 각지에서 생산한 식자재가 가득하니까요. 심지어 바다 건너 전 세계로 식재료가 유통되는 세상인 만큼 우리의 밥상 또한 글로벌하게 변화한 지 오래입니다. 이제는 마음만 먹으면 집에서도 얼마든지 세계 각국의 별미를 만들어 먹을 수 있습니다. 그만큼 다양한 식재료를 쉽게 구할 수 있기 때문입니다. 우리 집 냉장고 안에도 미국이나 호주에서 온 쇠고기, 저 멀리 북유럽 노르웨이에서 잡은 연어나 러시아 극동에서 잡은 꽁치, 네덜란드산 치즈 등을 만나볼 수 있게 된 것입니다.

수년 전 꽤 인기 있는 예능 프로그램이 있었습니다. 유명인들의 냉장고를 스튜디오에 옮겨와서, 유명 셰프들이 냉장고 안에 있

#냉장고에_넣었다고_#방심은_금물!#유통기한이_#영원한_#먹거리는_없다!

는 재료만 가지고 출연자의 취향을 저격하는 맛있는 요리를 즉석에서 요리하여 선택을 받는 일종의 요리 경쟁 프로그램이었죠. 배우, 아이돌가수, 운동선수, 예술인 등 출연자들의 다양한 면면만큼이나 냉장고 속의 식재료들도 참으로 다양했습니다. 집에서 거의 음식을 요리해 먹지 않는 듯 보이는 허전한 냉장고도 있었고, 마치 정리전문가가 도움을 준 것처럼 식재료들이 깔끔하고 완벽하게 정리된 냉장고도 있었습니다. 또한 냉동실 가득 얼린 고기나 생선이 채워진 냉장고도 있었고, 가끔 언제 냉장고에 넣어두었는지조차 기억나지 않을 만큼 오래된 케첩, 햄, 야채 등의 곰팡이가 피거나 변질된 식재료가 나오기도 했는데, 이것이 시청자들의 공감을 사며 웃음 포인트가 되기도 했습니다. 냉장고 속에 넣어두고 깜박 잊은 채 유통기한이 지나버린 경험이 그만큼 흔하다는 뜻이겠죠? 이를 달리 말하면 사두고 잊어버릴 만큼 존재감 없는 식재료도 생각보다 많다는 뜻입니다.

1+1의 함정에 빠지다

◦ ◦ ◦

마트나 편의점에 가면 과자, 음료수, 세제, 햄 등 다양한 상품에서 하나 사면 하나를 더 주는 행사가 일상처럼 진행되고 있습니다. 소위 1+1 행사죠. 꼭 하나 사면 하나만 더 주는 1+1만 있는 건 아납니다. 때론 2+1 행사도 있고, 5~6개를 꾸러미로 구매하면 다른 상품을 하나 더 주기도 합니다. 또 덤을 주기만 하는 것도 아닙니다. 오후 몇 시를 기준으로 일부 신선식품을 할인하는 행사 또한 꽤 흔하게 이루어지고 있습니다. 그러니 마트에서 장을 보다 보면 몇 가지만 골라도 어느새 쇼핑 바구니가 넘쳐납니다. 그래서 사람들은 장을 볼 때, 더 많은 상품을 쉽게 담아서 끌고 다닐 수 있는 바퀴 달린 카트를 선호하죠. 덤으로 챙겨주는 것이 마치 공짜처럼 느껴지고, 장을 보다가 반짝 세일하는 상품을 만나면 왠지 횡재한 기분이 들기 때문에 당장 필요하지 않더라도 카트에 넣게 되는 경우도 많습니다. 그나마 보관기간이 제법 긴 생활용품뿐만 아니라 상대적으로 보관기간이 짧은 먹거리들조차 이러한 '덤'의 유혹에 빠져 충동적으로 구매하기도 하죠.

마트에서 먹거리를 잔뜩 구매하여 집으로 돌아오면 실온에서 보관할 수 있는 몇 가지를 제외하고 모두 냉장고 안으로 직행하게 됩니다. 물론 냉장고에 넣기 전에 재료를 일일이 손질하고 한 번 먹을 분량으로 소분하여 보관하기도 하지만, 바쁜 현대인들이니 만큼 일단 변질되기 전에 얼른 냉장고에 쑤셔박아 넣기 일쑤입니다. 시간이 날 때 다시 정리하겠다는 마음으로 말이죠. 정말 시간이 날 때 먹을 만큼 잘 나눠 정리하여 기의 버리는 것 없이 알뜰하게 먹어 치우는 가정도 있습니다. 하지만 생각보다 많은 가정의 냉장고 안에 선택받지 못한 채 잠들어 있는 식재료들이 많은 것

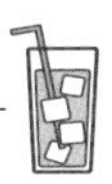

유통기한과 소비기한

신선식품은 냄새 등을 통해 신선도를 체크하지만, 가공식품의 경우 쉽게 파악하기 어려운 경우가 많다. 특히 냉장고 안에서 유통기한이 지난 물건을 발견하면 그냥 쓰레기통에 버리는 경우도 많다.

- **유통기한**: 식품안전처 식품등의 표시기준 제2조4항에 따른 제조일부터 소비자에게 판매가 허용되는 기한. 일반적으로 식품과 같은 상품이 시중에 유통될 수 있는 기한.
- **소비기한**: 식품을 섭취했을 때 건강이나 안전에 이상이 없을 것으로 인정되는 기한. 지정된 저장조건하에서의 최종기한을 의미하며, 이후에는 일반적으로 안전 문제 발생 위험성이 높다.
- **품질유지기한**: 제시된 저장조건하에서 소비자가 기대하는 식품 고유의 품질이 유지될 수 있는 기한.

유통기한 후에도 건강이나 안전에 아무런 문제가 없는 것들이 많지만, 정확히 언제까지 먹어도 되는지 판단하기 어렵다 보니 가정에서는 물론, 마트에서도 유통기한이 지난 것들, 심지어 유통기한이 지나기 며칠 전부터 가차없이 버려진다. 멀쩡한 음식물이 버려지고 있는 것이다. 전 세계적으로 멀쩡한 음식물이 버려지고 있다는 점은 매우 심각하다. 그래서 유통기한 표시 대신에 소비기한이나 품질유지기한으로 바꿔야 한다는 의견이 높다. 하지만 품질유지기한도 유통기한보다는 오래 소비될 수 있을 뿐, 해당 기한이 얼마 남지 않은 상품들은 여전히 소비되지 못한 채 버려질 가능성이 높다는 점에서 완전한 해결 방안은 아니다.

또한 현실입니다. 큰맘 먹고 냉장고를 청소할 때, 소스처럼 보관 기간이 제법 긴 종류임에도 심지어 몇 년 가까이 유통기한이 지나버린 상품이 종종 나오기도 하니까요.

냉장고 안에서도 음식은 부패한다

◦ ◦ ◦

많은 사람들이 냉장고, 특히 냉동실에 넣는 순간 마치 부패가 멈춘다고 착각합니다. 예컨대 냉동실에 꽁꽁 얼린 고기며 생선은 마치 빙하시대의 유물처럼 언제까지나 원래 상태를 유지할 것처럼 느껴집니다. 하지만 세균의 활동이 현저히 느려졌을 뿐, 냉장고 속에서도 부패의 진행이 완전히 멈추는 건 아닙니다. 실온에서 보관할 때보다 부패되기까지 훨씬 오랜 시간이 걸릴 뿐이지요.

물론 언젠가는 부패하겠지만, 냉장고의 성능도 과거에 비해 훨씬 개선되었다 보니 냉장고에 넣어두면 꽤 오랜 기간 안전하게 보관할 수 있다는 생각은 누구나 가지고 있습니다. 그래서 더욱 먹거리를 사는 데 인색하지 않은 거겠죠? 게다가 우리나라 사람들은 전통적으로 먹거리 인심이 후한 편입니다. 옛날에는 우연한 방문객이라도 끼니때가 겹치면 그냥 보내는 법이 없었다고 하니까요. 잔치라도 벌이면 음식이 모자란 것보다는 차라리 남는 것이 낫다고 생각했죠. 그런 성향까지 더해지다 보니 손이 점점 더 커지는 것 같습니다. 때론 조금 많이 샀나 잠시 후회가 들다가도, 이내 이렇게 생각합니다.

> '냉장고에 넣어 뒀다가 먹으면 되지… 몇 주는 끄떡없어! 그리고 세일할 때 사는 것이 절약이야…!'

이처럼 과소비를 합리화하는 거죠. 그러다 보면 냉장고 안은 어느새 식구들이 다 먹지 못할 만큼 많은 먹거리들로 채워지고, 이를 다 먹기도 전에 새로운 먹거리가 계속 냉장고의 자리를 차지하게 됩니다. 하지만 넉넉한 사이즈로 진화한 냉장고 용량 덕분에 얼마든지 많은 먹거리를 보관할 수 있습니다.

최근 정리 열풍과 함께 먹거리를 필요한 만큼만 구매하거나, 한꺼번에 많이 사도 이를 조금씩 나눠 보관하고 알뜰히 사용하는 사람들도 점점 늘고 있습니다. 최대한 버리는 음식물을 줄이려는 바람직한 노력입니다. 하지만 여전히 많은 식당이나 가정에서 넘칠 만큼 먹거리를 내고, 이를 다 먹지 못한 채 버리는 악순환이 쉽게 사라지지 않는 점은 함께 생각해보아야 합니다. 특히 딱히 구매할 마음이 없었는데, 마케팅에 현혹되어 당장 필요하지도 않은 먹거리를 구매한 적은 없는지 돌아볼 때입니다.

먹는 것에 대한 욕망과 집착은 그 자체로 인간성 파괴로 인식되기도 합니다. 너무나도 유명한 일본 애니메이션의 거장 미야자키

하야오 감독의 〈센과 치히로의 행방불명(千と千尋の神隠し)〉(2001)을 아시나요? 신기한 요괴들의 세계에서 주인공 치히로가 겪은 흥미로운 모험 이야기인데, 큰 주제는 인간의 욕망과 환경 파괴 그리고 자연 회복의 메시지를 담고 있죠. 이 영화 속에서 인상적인 장면 중 하나가 주인공 치히로가 부모님과 함께 시골로 이사가던 중 이상한 터널을 지나면서 요괴의 세계로 진입하는데, 이때 치히로의 부모님이 돼지로 변하게 된 장면입니다. 요괴의 세계에서 누구 것인지도 모르는 음식을 맛있다며 공짜로 게걸스럽게 탐하다가 갑자기 돼지로 변해버린 거죠. 무한 식욕의 노예가 된 인간은 더 이상 사유하는 품위 있는 인간이 아니라 본능에만 충실한 동물적 존재라는 은유적 표현이 아닐까요? 공리주의자로 알려진 밀(John Stuart Mill, 1806~1873)의 다음과 같은 말이 떠오릅니다. 물질에 관한 과도한 욕망과 같은 동물적 쾌락에서 벗어나 질적으로 높은 쾌락인 사유의 가치가 한층 간절해지는 때입니다.

> "만족한 돼지보다는 불만족한 사람이 더 낫고, 만족한 바보보다는 불만족한 소크라테스가 낫다."

04 쓰레기

쓰레기의 습격에 몸살을 앓는 지구를 위하여…

이제 냉장고를 길잡이 삼아 시작된 통섭 여행을 마칠 때가 되었습니다. 그동안 우리는 냉장고의 탄생 이전부터 시작하여 경제, 사회, 문화 등 다양한 분야에 걸쳐 두루 살펴보며, 인류의 발자취와 함께 현대에 이르러 우리 인간이 이뤄낸 빛나는 성과는 물론 앞으로 우리가 만들어갈 미래에 관해서도 생각해보았습니다. 냉장고는 우리 삶에 실로 많은 변화를 가져왔습니다. 특히 우리 인간의 생활을 편리하게 만들어주었고, 나아가 삶의 질 또한 크게 향상시켜주었죠. 하지만 어두운 그림자도 있습니다. 무엇보다 냉장고를 통해 먹거리를 오래 보관할 수 있게 되면서 점점 더 많은 양의 먹거리를 사게 되고, 심지어 다 먹지 못한 채 버리는 문제는 이제 개인의 소비 문제를 넘어 지구 환경을 파괴하는 위협적인 요인으로 떠오르고 있습니다.

먹거리의 홍수시대, 여전히 굶주리는 사람들

○ ○ ○

냉장고 탄생 전에도 음식을 흥청망청 낭비하는 일부 왕족이나 귀족들이 있기는 했지만, 대다수의 서민들은 먹거리 사정이 그리 여의치 않았습니다. 사실 집약적 농축수산업이 발달하기 전까지 인류 모두가 배불리 먹을 수 있을 만큼 먹거리가 풍요로웠던 시절은 역사적으로 찾아볼 수 없습니다. 농작물은 주로 소수 경작으로 재배하는데, 그마저도 수확이 쉽지 않았죠. 병충해나 자연재해 등에 지금보다 훨씬 더 무력했고, 단위면적당 생산량도 많지 않았습니다. 심지어 수확한 것을 개인이 모두 소유할 수도 없었죠. 수확물의 상당 부분은 나라에 세금으로 바쳐야 했으니까요.

또 건조나 염장, 발효 등을 제외하면 먹거리를 장기간 보관하는 방법 또한 마땅치 않았기 때문에 농한기에는 극심한 굶주림을 견뎌야 할 때도 많았습니다. 우리나라에도 지독한 굶주림을 의미하는 '보릿고개'라는 유명한 말이 있죠. 보릿고개란 "농가에서 지난 가을에 수확했던 양식이 모두 떨어지고 말았는데, 보리를 수확하기에는 채 여물지 않은 시기에 해당하는 음력 4월에서 5월, 양력으로는 5~6월 무렵의 식량 사정이 극도로 어려운 시기"를 말합니다. 이 보릿고개라는 말이 사라진 것은 1950년대가 지나서니까 우리나라도 꽤 오랜 굶주림의 세월을 견뎌온 것입니다.

오늘날 발전된 농축산업과 경제발전, 유통의 혁신 등은 전 세계의 먹거리 고민을 상당 부분 해결해준 공로가 적지 않습니다. 그리고 그 중심에 냉장고도 당당히 주요 역할을 차지하고 있다고 할 수 있겠죠. 그런데 전 세계적으로 생산되는 먹거리의 양은 전 인류를 먹이고도 남을 만큼 많은데, 아직 하루 한 끼조차 풍족하게 먹을 수 없는 나라도 있습니다. 심지어 엄마의 극심한 영양불량 때문에 젖이 제대로 나오지 않아서 태어난 순간부터 굶주림에 시달려야 하는 아기들도 있다는 것을 여러분은 공익광고나 구호 캠페인 등을 통해서 이미 접해보았을 것입니다.

참, 이상한 일입니다. 우리 주변만 봐도 음식물 쓰레기가 넘쳐납니다. 심지어 포장도 뜯지 않은 상태로 그냥 버려지는 음식물도 상당수입니다. 그만큼 먹거리가 넘쳐나는데 여전히 세상에 굶주리는 사람들이 있다는 것은 참으로 아이러니한 일입니다.

지구의 위기는 불평등하다

◦ ◦ ◦

요즘 우리에게 가장 민감하게 다가오는 단어들 중에는 분명 '공정', '평등', '정의' 등이 포함되어 있을 것입니다. 공정과 정의, 평등에 대한 불만을 제기하는 사람들이 많은 사회일수록 상대적 박탈감을 느끼는 사람들이 많습니다. 3장에서도 상대적 박탈감을 이야기한 적이 있습니다. 이 말의 사전적 의미는 다음과 같습니다.

"개인이 실제로 잃은 것은 없지만 다른 사람과 비교하여 상대적으로 자신이 부족하다고 느끼거나 무엇을 빼앗긴 듯한 기분을 느끼는 것. 혹은 개인이 이상적으로 기대하는 삶의 조건과 실제 생활과의 격차에서 비롯되는 사회적이고 심리적인 긴장 상태."

딱히 뭘 잃어버린 것이 없더라도 누군가와의 비교를 통해 어쩐지 나만 크게 뒤처진 것 같다고 느껴지면 왠지 모를 상실감에 사로잡히는 것이 자연스러운 인간 심리입니다. 이러한 상실감이 반복되면 세상이 불공정하다는 생각으로 자연스럽게 이어지죠. 그런데 인간은 자신에게 가해지는 차별이나 박탈감에는 매우 민감하게 반응하면서도 정작 타인에 대해 가해지는 차별이나 박탈에 대해서는 다소 둔감한 경향이 있습니다. 앞서 육식에 관해 이야기할 때도, 소를 더 키우기 위해 수많은 밀림을 훼손된다는 이야기를 한 적이 있습니다. 하지만 아무리 머릿속으로는 잘 알고 있어도 평소 이런 문제에 민감하게 반응하는 사람은 그리 많지 않습니다.

요즘에 소를 들판에 풀어놓고 자유롭게 풀을 뜯으며 키우는 농가는 드뭅니다. 주로 우리에 가두고 사료를 먹여 키우는데, 이 사료는 주로 곡물로 만들어집니다. 전 세계적으로 볼 때, 사료로 사용되는 곡물은 전체 곡물 생산량에서 매우 큰 비중을 차지합니다. 2020년 하반기부터 세계 곡물가격의 상승이 지속되고 있는데, 2020년 상반기 대비 30~50%나 상승했다고 합니다. 사실 거대 농업생산국이나 선진국의 경우 곡물 가격이 상승한다고 해도 자국민의 타격은 크지 않은 경우가 많습니다. 하지만 농업 자급률이 떨어지는 나라들이나 빈곤국의 타격은 매우 큽니다. 특히 빈곤한 나라일수록 국민의 생존 문제와 직결될 만큼 심각한 위기로까지 이어질 수 있습니다.

지구가 처한 위기도 비슷합니다. 누구에게나 위기 상황이 똑같은 느낌으로 다가오지는 않는다는 뜻입니다. 예컨대 환경오염, 기후변화, 쓰레기 대란 등의 이야기를 접할 때면 우리는 순간 '아, 이것 참 심각한 문제구나!' 하고 생각하지만, 돌아서면 금세 잊어버리기 쉽습니다. 그래서 아무 생각 없이 일회용 페트병에 든 음료수를 냉장고에서 꺼내 마시고, 때론 고기반찬이 없다고 밥투정을 하기도 합니다. 폭염이 몰려오면 시원한 에어컨 아래에서 실내온도를 더 시원하게 낮추기 위해 서슴없이 리모컨 버튼을 누릅니다. 그리고 음료나 아이스크림 등을 더 차갑고 시원하게 즐기기 위해 냉장고 온도를 낮게 설정하죠.

하지만 누구나 그럴 수 있는 것은 아닙니다. 우리나라에도 아직 에어컨 없이 여름을 나야 하는 가정이 있고, 경제적인 이유로 끼니를 거르는 친구들도 있습니다. 이와 마찬가지로 환경오염으로 야기된 지구온난화, 기후이변 등은 사회적 약자들에게 훨씬 더 큰 위기 상황으로 체감됩니다. 더욱이 가난한 나라의 국민들은 대다수가 크나큰 어려움을 겪고 있을 것입니다. 하지만 다행인지 불행인지 몰라도 아직 우리는 위기를 위기라고 뼈저리게 실감하지 못하는 사람이 훨씬 더 많은 것 같습니다. 앞에서 냉장고에 보관해 둔 음식물도 언젠가는 부패한다고 말했습니다. 그저 천천히 진행될 뿐이라고요. 우리도 비록 지금은 아니라도 언젠가 이 위기를 뼈저리게 실감하게 될 날이 올 것이라는 뜻입니다. 그리고 어쩌면 생각보다 시간이 얼마 남지 않았는지도 모릅니다.

쓰레기 더미를 뒤지는 사람들

혹시 '덤프스터다이빙(dumpster diving)'이라는 말을 들어본 적이 있나요? 여러분에게는 조금 생소한 말인지도 모르겠습니다. 다이빙라는 말에서 혹시 스킨스쿠버다이빙이 떠오를지도 모르겠네요. 덤프스터다이빙이란 쉽게 말해 쓰레기통을 뒤진다는 뜻인데요. 버려진 물건들 중에서 유용한 것, 쓸 만한 것을 가져가서 쓰는 사람들은 덤프스터다이버(dumpster diver)라고 합니다. 우리 상식에 쓰레기통은 배고픈 길고양이나 뒤지는 것이라고 생각할지 모릅니다. 몇 날 며칠을 굶은 노숙자나 부랑자들조차 쓰레기통을 뒤지기는 쉽지 않을 거라고 생각할 만큼 더럽고 부끄러운 일이라고 여길 것입니다. 그런데 이들은 자발적으로 쓰레기를 뒤지는 일을 전혀 부끄러워하지 않습니다. 오히려 낭비와 과소비에 저항하는 것에 대해 크나큰 자부심을 갖고 있죠.

예를 들어볼까요? 마트나 식품매장에서 유통기한이 얼마 남지 않은 음식은 소비자의 선택을 받지 못합니다. 우리도 습관적으로 유통기한[10]을 살펴보고, 기한이 가장 오래 남은 상품을 고르게 되니까요. 그래서 매장에서는 아직 유통기한이 지나지 않은 식품들까지 마구 버려지기도 합니다. 어차피 소비자의 선택을 받지 못하기 때문이죠. 덤프스터 다이버들은 이런 것들을 가져다 소비한다고 합니다. 이는 소설 속 이야기가 아니라 미국에서 빠르게 돌아가는 유통시장과 소비 스펙트럼에 반대하는 사람들을 중심으로 실제 벌어지고 있는 일입니다. 쓰레기통을 뒤져 아직 충분히 쓸 만한데 버려진 것들을 가져다가 재사용하는 거죠.[11]

〈가디언〉 보도에 따르면 '폐기물 · 자원 행동 프로그램'(Wrap)라는 단체에서 유엔식량농업기구(FAO) 자료 등을 근거로 작성한 보고서에 2011년 기준으로 전 세계 생산 음식물이 거의 3분의 1에서 최고 50%까지 쓰레기로 낭비됐다고 합니다. 이를 금액으로 환산하면 한해 약 4,000억 달러(약 439조 원)에 이른다고 추정했죠. 이 단체는 앞으로 이를 줄이기 위한 노력을 기울이지 않는다면 2030

10. 2023년부터는 판매하는 기간을 의미하는 유통기한 대신에 먹어도 되는 기한을 의미하는 소비기한을 사용할 예정이다.
11. 천다민, 〈오늘도 '당근'이지! 우리를 소유에서 자유롭게 하니까〉, 《한겨레》, 2021.1.15. 기사 참조

#쓰레기와의_전쟁_#냉장고_#음식물쓰레기_#굶주리는_사람들

년에는 음식물 쓰레기가 한해 6,000억 달러(약 659조 원)어치로 증가할 수 있다고 경고하기도 했습니다. 유엔식량농업기구에 따르면 부유한 나라에서 나오는 음식물 쓰레기만 해도 전 세계 기아인구 8억7,000만 명을 먹여 살릴 수 있는 양이라고 하니 참으로 엄청납니다.[12] 물론 우리나라에서 현실적으로 쓰레기통을 뒤지기란 쉽지 않습니다. 솔직히 경우에 따라서는 법적 처벌 대상이 될 수도 있죠. 쓰레기통을 뒤질 순 없겠지만, 최소한 버리지 않아도 되는 것을 버리는 행위에 대해서는 좀 더 문제의식을 가질 필요가 있습니다. 특히 냉장고를 가득 채운 먹거리들과 한 번씩 청소할 때마다 나오는 적지 않은 쓰레기들, 그리고 비우기 무섭게 도로 냉장고를 꽉꽉 채우는 악순환만큼은 사라져야 하지 않을까요?

지구의 자정이 오기 전에…

먹는다는 것은 생존 활동인 동시에 인류에게 큰 만족과 기쁨을 안겨주는 행위이기도 합니다. 하지만 아무리 좋은 것이라도 많이 소비하면 필연적으로 남기게 되고 결국엔 버릴 수밖에 없습니다. 환경부의 '2020 전국 폐기물 발생 및 처리 현황'에 따르면 2019년 기

12. 조기원, 〈전 세계 음식물 3분의 1이 쓰레기로 버려진다〉, 《한겨레》, 2015.2.27. 기사 참조

준 하루에 배출하는 음식물 쓰레기가 약 1만 4천여 톤이라고 합니다. 이는 국내 전체 쓰레기의 28.7%를 차지할 정도로 많고, 한 사람이 매일 300그램의 음식 또는 식재료를 버리고 있다는 뜻이기도 합니다. 게다가 이 수치는 10% 내외인 미국과 비교해도 두 배 이상 많습니다.

우리나라는 왜 이렇게 음식물 쓰레기를 많이 배출할까요? 단순히 생각하면 예전부터 푸짐한 상차림과 국물 음식을 즐기는 우리나라 음식문화를 떠올리기 쉽죠. 하지만 놀랍게도 음식물 쓰레기의 57%는 음식을 다 먹지 못해 남긴 쓰레기가 아니라 유통과 조리 과정에서 버려진다고 합니다.

대표적인 식재료인 채소의 경우, 밭에서 수확하여 식탁까지 오는 과정에서 이미 절반 이상이 버려집니다. 신선도에 문제가 있는 것은 물론, 품질에는 별다른 문제가 없어도 약간의 흠이 있다는 이유로도 버려지기도 합니다. 대형마트에서 판매되려면 겉모습이 완벽한 상품만 소비자의 선택을 받기 때문에 조금 시들었다거나, 작은 상처만 있어도 가차없이 폐기 대상입니다. 심지어 단지 모양이 예쁘지 않다는 이유로 폐기되기도 합니다. 예쁘지 않으면 어차피 소비자의 선택을 받지 못하니까요. 또 가공식품이나 유제품의 경우에는 유통기한이 이틀 정도 남으면 바로 마드 진열내에서 지워버린다고 합니다. 즉 엄청난 음식물 쓰레기 배출의 배후에는 과잉생산과 유통구조의 모순이라는 좀 더 근본적인 원인이 숨어 있음을 인식해야 하죠.

다행인 것은 우리나라를 포함해서 세계적으로 음식물 쓰레기를 줄이기 위한 다양한 노력이 이루어지고 있다는 점입니다. 우리나라가 선도적으로 실행하는 것은 음식물 쓰레기 분리수거입니다. 그리고 쓰레기를 버린 만큼 돈을 지불하는 종량제에 성공한 소수의 국가 중 하나이기도 하죠.

세계적으로 환경문제에 앞장서는 도시로 손꼽히는 독일의 베를린에서는 식품기업, 파인다이닝 레스토랑, 푸드 스타트업 등을 중심으로 버리는 식재료를 없애자는 이른바 '제로 웨이스트 레시피(zero waste recipe)'가 유행했습니다. 예컨대 커피 찌꺼기로 접시를 만들거나, 라떼를 만들고 남은 우유거품으로 리코타 치즈를 만드는 등의 다양한 시도들이 소개되었죠. 베를린의 유명 셰프 소피아 호프만은 《제로 웨이스트 퀴헤(Zero Waste Kuche) : 쓰레기 없는 주방》이라는 책을 출간하면서 쓰레기 없는 주방을 위한 3대 원칙은 "적게 사고, 잘 고르고, 끝까지 쓰는 것"이라고 말했습니다.

이 밖에도 여러 나라에서 음식을 만드는 과정에서 나온 부산물에 활용성을 더해 가치를 높이는 '푸드 업사이클'을 시도하고 있습니다. 이것은 단순한 재활용을 넘어 한 단계 업그레이드된 식품과 친환경적인 소비를 일깨우려는 노력이기도 합니다.

앞으로 불과 20년 이내에 지구의 평균 온도가 산업화 이전인 1850~1900년에 비해 1.5도 이상 상승할 것이란 국제협의체 전망이 보도되었습니다. 심지어 이번 전망은 3년 전에 같은 협의체가 내놓았던 예측치보다 최대 12년이나 앞당겨져 지구온난화가 그만큼 점점 더 가속화되고 있음을 보여줍니다.[13] 〈핵과학자회보(Bullentin of the Atomic Scientists)〉에 따르면 2019년 1월 24일을 기준으로 세계 종말시계가 밤 11시 58분을 가리키고 있다고 발표했습니다.[14] 자정이 되면 지구는 종말에 이르기 때문에 현재 우리는 잠시 게으름을 피울 여유조차 없을 만큼 매우 절박한 상황에 놓여 있는 셈입니다. 따라서 이제는 우리 모두의 실천이 필요합니다.

영국의 환경운동가인 마크 라이너스(Mark Lynas)는 그의 책 《6도의 멸종》에서 지구 온도가 1도씩 올라갈 때마다 우리 인류에게 어떤 위기 상황이 닥치는지를 이야기합니다. 비록 이 책에는 지구 문명의 종언(終焉)을 의미하는 최악의 시나리오까지 담아내고 있기는 하지만, 암울한 상황에 대해 지레 절망할 필요는 없습니다. 마크 라이너스 또한 "미래는 우리가 어떻게 노력하는지에 따라 달라질 수 있다."는 점을 강조하고 있으니까요.

냉장고는 오랜 시간 먹거리를 안전하게 보관할 수 있게 해줍니다. 실온에서 하루 혹은 몇 시간이면 상해서 버릴 수밖에 없던 음식물들을 지켜주니까요. 분명 냉장고가 등장한 초기에는 상해서

13. 강은지, 〈"20년내 평균온도 1.5도 오를것"… 지구온난화 12년 앞당겨졌다〉, 《동아일보》, 2021.08. 10. 참조
14. 주수원, 《폭염의 시대》, 맘에드림, 2019, 136~137쪽 참조

버려야만 했던 음식물 쓰레기를 현저히 줄이는 데 도움을 주었을 것입니다. 하지만 냉장고가 가정마다 보급된 지금, 냉장고는 오히려 엄청난 음식물 쓰레기를 만들어내는 괴물로 진화하고 있습니다. 심지어 예전에 버려지던 양과 비교할 수 없을 만큼 많은 양의 음식물 쓰레기를 만들어내고 있죠. 이것이 과연 냉장고의 잘못일까요? 냉장고는 생물이 아닙니다. 물론 앞서 인공지능 IoT와 결합한 생각하는 냉장고 이야기를 하기도 했지만, 현재 냉장고를 빈틈없이 꽉꽉 채우고 있는 것은 우리 인간입니다. 아무리 성능 좋은 냉장고에 보관해도 언젠가는 부패합니다. 그렇게 우리 지구도 아주 조금씩 천천히 망가지며 어느새 자정을 향해가고 있다는 사실을 잊지 말아야 할 것입니다.

단행본

KBS 〈과학카페〉 냉장고제작팀, 《욕망하는 냉장고》, 애플북스, 2012.

김동일, 《피에르 부르디외》, 커뮤니케이션북스, 2016.

성정원, 《경제를 읽는 쿨한 지리 이야기》, 맘에드림, 2019.

윤경철, 《대단한 지구여행》, 푸른길, 2011년.

정은숙, 《음식이 있어 서울살이가 견딜 만했다-서울을 먹다2》, 따비, 2018.

주수원, 《폭염의 시대》, 맘에드림, 2019.

황교익, 《허기진 도시의 밥은 식탐-서울을 먹다1》, 따비, 2017.

로버트 치알디니, 《설득의 심리학》(황혜숙 옮김), 21세기북스, 2019.

류모세, 《열린다 비유 : 돌아온 탕자 이야기》, 두란노, 2016.

리처드 랭엄, 《요리 본능》(조현욱 옮김), 사이언스북스, 2011.

마이클 파워 · 제이 슐킨, 《비만의 진화》(김성훈 옮김), 컬처룩, 2014.

유발 하라리, 《호모데우스》(김명주 옮김), 김영사, 2017.

톰 색슨, 《냉장고의 탄생》(김희봉 옮김), MiD, 2017.

하이드룬 메르클레, 《식탁 위의 쾌락》 (신혜원 옮김), 열대림, 2005.

헬렌 피빗, 《냉장고의 역사를 통해 살펴보는 필요의 탄생》(서종기 옮김), 푸른숲, 2021.

기사 및 보도자료

강은지, 〈"20년내 평균온도 1.5도 오를것"… 지구온난화 12년 앞당겨졌다〉, 《동아일보》, 2021.08.10.

김영욱, 〈[CoverStory] '통섭'〉, 《중앙일보》, 2006,12.21.

남혜정, 〈온실가스 17% 축산업서 배출… '대체육'으로 환경오염 줄인다 [연중기획 - 지구의 미래]〉, 《세계일보》, 2020.6.25.

박철근, 〈네오시스템즈, 인공지능(AI)기반 콜드체인 의약품 창고관리시스템 특허출원〉, 《이데일리》, 2020. 9.17.

서예진, 〈냉장고 한 대 수천만원... 삼성-LG, 불황에도 프리미엄가전 공략 '왜'〉, 《시사위크》, 2019.11.11.

서희원, 〈"물과 소금"…NASA 퍼시비어런스가 발견한 화성 생명체 가능성은?〉, 《전자신문》 , 2021.09.13. 참조

송주상, 〈365일 30분 배달 스타트업 고퍼프, 기업가치 4.5조원 '잭팟'〉, 《iTChosun》, 2020.10.12.

와이케이이지, 〈2050년 미래의 냉장고? 바이오 로봇 냉장고 미리보기!〉 https://blog.naver.com/ykg2004/222052795947 참조

이원국, 〈'콜드체인' 단순한 저온유통 아닌 여러 분야의 종합산물〉, 《헬스경향》,

2021.2.23.
이재구, 〈넷매니아, 블록체인 활용한 콜드체인 솔류션 내놓는다〉, 《전자신문》, 2018.7.2.
이재구, 〈최초의 생명체, 육지의 열 웅덩이에서 나왔다〉, 《ZDNetKorea》, 2012.02.18.
이효용, 〈북미 서부 100여년만의 폭염… 경전철 · 식당 운영 중단〉, 《KBS》, 2021.06.30.
임병선, 〈인류, 이대로 죽을 순 없다…망가진 오존층 회복중〉, 《뉴스펭귄》, 2020.03.26.
조기원, 〈전 세계 음식물 3분의 1이 쓰레기로 버려진다〉, 《한겨레》, 2015.2.27.
채명석, 〈"냉장고를 가족 소통의 허브로" 삼성 '패빌리 서브' 개발 이야기〉, 《아주경제》, 2016.6.14.
천다민, 〈오늘도 '당근'이지! 우리를 소유에서 자유롭게 하니까〉, 《한겨레》, 2021.1.15.
하상도, 〈하상도칼럼(249) 뜨는 콜드체인, 불량 먹거리 문제 해결 대안〉, 《식품음료신문》, 2015.12.07.
홍시현, 〈(기획)콜드체인, 연평균15%성장〉, 《투데이에너지》, 2021.5.24.
홍희정, 〈50도 폭염에 뜨거워진 강…물속에서 익어간 연어들〉, 《JTBC》, 2021.09.29.
황인찬, 〈영인문학관 '박완서 1주기전' 내달 유품 200여점 전시〉, 《동아일보》, 2012.04.23.

인문학으로 깊이 통찰하고,
과학으로 날카롭게 분석하며,
수학으로 자유롭게 상상하는 힘!

맘에드림 생각하는 청소년 시리즈

맘에드림 생각하는 청소년 시리즈에 관하여

맘에드림은 배움의 주체이자 미래 사회의 주역인 청소년을 위한 '생각하는 청소년' 시리즈를 출간하고 있습니다. 청소년기는 논리적으로 사고하고, 윤리적으로 판단하며, 궁극적으로 자기 삶의 주인공이 되는 인간으로 성장하는 데 중요한 시기입니다. '생각하는 청소년' 시리즈는 청소년에게 삶과 밀접한 다양한 사회 문제들을 재미있게 이해하고 해결 방법을 생각해볼 기회를 주고자 합니다. 나아가 친구들과 함께 진지하게 토론하고, 스스로 생각한 해결 방안을 실천해볼 수 있는 용기를 주고자 합니다. 이 시리즈를 통해 청소년들이 마음껏 생각하고, 상상하고, 느끼면서 역량을 키우고, 나아가 성숙한 민주시민으로 성장해가기를 기대합니다.

공간의 인문학 학교도서관저널 추천도서

한현미 지음 / 값 12,000원

이 책은 청소년들이 공간을 창조하는 행위인 건축에 대해 자신의 삶과 연관 지어 인문학적 성찰을 할 수 있도록 쓰였다. 이 책을 통해 인간의 삶에 행복을 주는 것은 값비싸고 화려하고 멋져 보이는 공간이 아니라 견고하고 유용하며 아름다운 공간이라는 것을 이해할 수 있을 것이다.

십대들을 위한 생각연습 학교도서관저널 추천도서

정종삼 · 박상욱 지음 / 값 12,000원

이 책은 청소년들이 스스로를 더 깊이 있게 이해하고, 아울러 자신에게 있어 타인, 사회, 국가, 세계사 어떤 의미를 갖는지 생각해보는 데 도움을 준다. 이를 통해 모두가 함께 잘 살 수 있는 세상은 어떤 세상인지 진지하게 고민해볼 수 있다면 우리 사회의 미래도 분명 따뜻하고 희망적일 것이다.

모두, 함께, 잘, 산다는 것 행복한 아침독서 추천도서

김익록 · 박인범 · 윤혜정 · 임세은
주수원 · 홍태숙 지음 / 값 10,000원

이 책은 청소년들에게 사회적 경제를 쉽고 재미나게 전달하기 위해 만들어졌다. 사회적 경제에 대한 호기심을 이끌어내는 것에서 시작해서 무엇보다 청소년들이 일상 속에서 직접 실천해볼 수 있는 여러 가지 활동들을 제시한다. 이를 통해 모두, 함께, 잘, 산다는 것의 진짜 의미를 깨닫게 될 것이다.

십대들을 위한 맛있는 인문학 학교도서관저널 추천도서

정정희 지음 / 값 12,000원

이 책은 과거와 현대의 다양한 먹거리와 그 속에 담긴 이야기들을 전한다. 저자는 청소년들이 좋은 음식의 의미를 생각해보고, 현대 사회의 고장난 먹거리체계에 관심을 기울이기를 바란다. 나아가 그러한 문제의식을 바탕으로 좋은 먹거리가 더 많이 생산될 수 있도록 하는 데 작은 힘이나마 보탤 수 있기를 바란다.

지리는 어떻게 세상을 움직이는가? 학교도서관저널 추천도서 전국지리교사모임 추천도서

옥성일 지음 / 값 13,500원

미래 사회의 주역인 우리 청소년들에게는 한반도와 동북아를 뛰어넘어 한층 더 넓은 시야로 세계를 바라보면서 국제 질서를 냉철하게 분석할 수 있는 능력이 요구된다. 이 책은 글로벌 시대에 꼭 필요한 냉철한 시각과 분석력을 키워줌은 물론 우물 안 개구리의 사고방식에서 벗어나 한층 넓은 시야를 가질 수 있게 도와줄 것이다.

쉬는 시간에 읽는 젠더 이야기

김선광 · 이수영 지음 / 값 12,000원

청소년은 건강한 비판정신을 바탕으로 사회 문제에 관해 치열하게 논쟁할 수 있어야 한다. 이는 앞으로 그들이 더 나은 삶을 살아가고, 이 사회의 민주주의가 성숙해지는 데 밑거름이 될 것이다. 필자들은 이 책을 통해서 청소년들이 성 차별과 혐오, 페미니즘에 대한 왜곡 등에 대해 건강한 논쟁을 시작할 수 있는 기회를 마련해준다.

폭염의 시대 학교도서관저널 추천도서

주수원 지음 / 값 10,000원

기후변화는 단지 기후 문제일까? 저자는 기후변화, 나아가 기후위기의 시대를 살아가는 오늘날의 청소년들에게 기후변화의 실태와 사회 문제로 이어지는 기후변화의 심각성을 이야기한다. 이 책은 폭염의 시대를 살아가는 청소년들의 의식을 한층 성장시킬 뿐만 아니라, 타인의 아픔에도 귀 기울일 줄 아는 성숙한 시민으로 성장하는 데 분명 도움을 줄 것이다.

경제를 읽는 쿨한 지리 이야기

학교도서관저널 추천도서
책따세 추천도서

성정원 지음 / 값 13,500원

지리의 눈으로 세상 구석구석을 살펴보는데, 특히 경제에 초점을 맞추었다. 그저 달달 외우기 바쁜 지루한 암기과목으로서의 지리가 아니라, 지리의 각 요인과 경제 사이의 역동적 상호작용이 만들어낸 흥미진진한 결과들을 살펴봄으로써 자연스럽게 경제를 이해하고 나아가 세상을 바라보는 새로운 눈을 뜨게 될 것이다.

방구석에서 읽는 수상한 미술 이야기

박홍순 지음 / 값 14,000원

미술작품에 투영된 현대 사회의 여러 모순들을 발견하고, 이를 해결할 방법을 함께 찾고자 한다. 공정과 평등에 관한 문제부터 다양한 중독 현상, 유명세와 행복, 불확실성과 함께 현대인을 덮친 불안과 공포, 함께 잘살기 위한 방안 등에 관한 즐거운 티키타카 속에서 미술작품은 물론 세상을 바라보는 새로운 눈을 뜨게 될 것이다.

10대, 놀이를 플레이하다

학교도서관저널 추천도서

박현숙 지음 / 값 13,500원

이 책은 창의력이 중요한 가치로 떠오른 21세기를 놀이의 시대로서 맞이하며, 책상 앞에 앉은 청소년들에게 놀이가 필요한 이유를 인문학적으로 풀어내고 있다. 저자는 세상을 놀이의 관점으로 다시 보도록 새로운 시야를 제시하고, 청소년들이 자유롭게 생각하며 놀이하는 인간으로서 미래 사회의 주인이 되기 위해 놀이 정신을 갖출 필요가 있다고 힘주어 말한다.

십대들을 위한 꽤 쓸모 있는 과학책

오미진 지음 / 값 14,000원

이제 과학은 우리의 평범한 일상생활 속으로 깊이 파고들었다. 이에 이 책은 우리의 일상과 떼려야 뗄 수 없는 다양한 주제의 과학 이야기들을 다룬다. 아는 것이 힘이라고 했다. 일상에 숨은 과학 개념과 원리를 이해하는 과정에서 뭐든 무심히 지나치기보다 한층 예리하게 바라볼 수 있는 눈과 냉철한 판단력을 돕는 과학적 사고를 키워갈 것이다.

십대들을 위한 좀 만만한 수학책 학교도서관저널 추천도서

오세준 지음 / 값 13,500원

이 책은 인류가 처음 수 개념을 만들어낸 순간부터 현재까지 세상 구석구석에서 알게 모르게 활약하고 있는 수학의 다양한 모습을 담았다. 수학과 관련한 등장인물과 배경, 사건 등이 서로 얽히고설켜 만들어낸 역동적 상호작용들이 마치 드라마처럼 흥미롭게 펼쳐진다. 내면에 잠들어 있던 수학 DNA를 깨우는 좋은 기회가 될 것이다.

바이러스 철학을 만나다

박상욱 지음 / 값 14,000원

이 책은 예측불가능성과 불확실성이 난무하는 시대의 강력한 무기가 되어줄 철학적 사고를 일깨운다. 특히 코로나19 팬데믹과 함께 다시금 세상에 강렬한 존재감을 드러낸 바이러스의 생과 사를 통해 철학적 성찰을 이끌어내도록 끊임없이 질문한다. 특히 과학, 역사, 철학 등을 넘나들며 불확실성이 넘쳐나는 시대에 지향해야 할 삶의 태도와 배움의 방식에 대해서도 생각해보게 한다.

그림책으로 시작하는 철학연습

권현숙, 김준호, 백지원, 조형옥 지음 / 값 14,000원

이 책은 그림책을 사랑하는 현직 교사 네 명이 함께 쓴 책으로, 그림책 읽기의 즐거움을 알려주는 동시에 그림책을 통해 생각하는 힘을 키울 수 있게 도와주는 교양서다. 청소년들은 크게 나, 너, 이웃, 미래 사회를 다룬 주제를 따라, 그림책 54권을 살펴보면서 자기 안의 문제를 하나둘 해결하고 너른 세상을 바라보는 안목을 키우게 될 것이다.

10대, 우리답게 개념 있게 말하다 학교도서관저널 추천도서

정정희 지음 / 값 14,000원

이 책은 일상 언어생활의 의미와 가치를 다시 돌아본다. 최근 청소년 사이에서 무분별하게 복제 및 전파되는 유행어 중에는 혐오와 차별의 언어들도 꽤 많다. 저자는 이러한 말들이 자신도 모르는 사이에 의식을 혐오로 물들이는 데 주목한다. 또 표현의 자유를 방패막이 삼아 막말을 정당화하거나 진지함을 조롱하는 세태도 함께 돌아본다.

청소년을 위한 미디어 리터러시 이야기
강정훈 지음/ 14,000원

이 책은 수많은 정보에 둘러싸여 사는 우리 청소년들에게 미디어의 변천사를 시작으로 뉴스의 역할, 가짜 뉴스의 탄생과 확산 과정, 언론의 자유와 책임 등을 알기 쉽게 설명하고, 한 발 더 나아가 미디어를 올바르게 수용하고 비판적으로 사고할 수 있는 능력을 기를 수 있도록 돕고 있다.

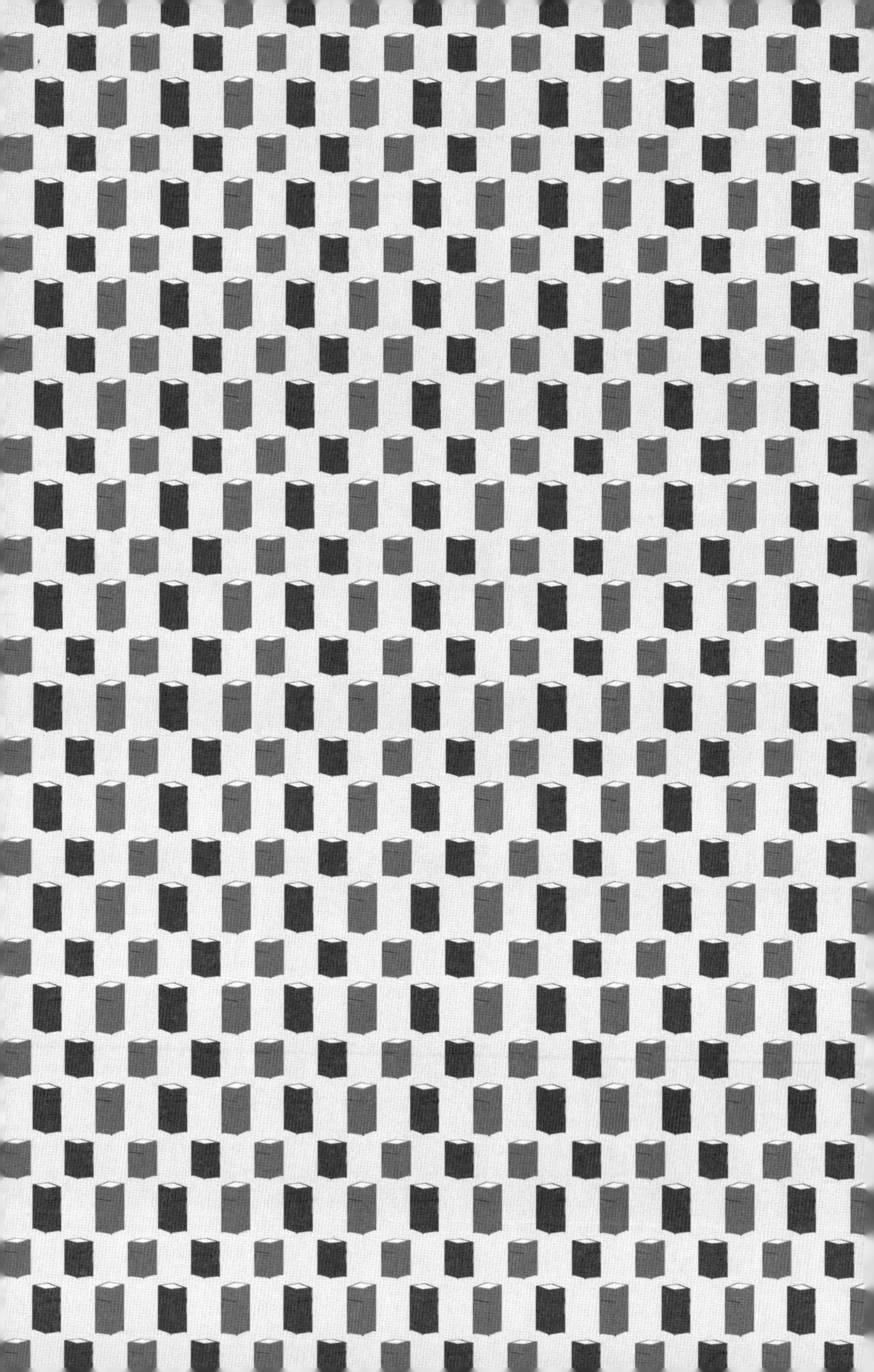

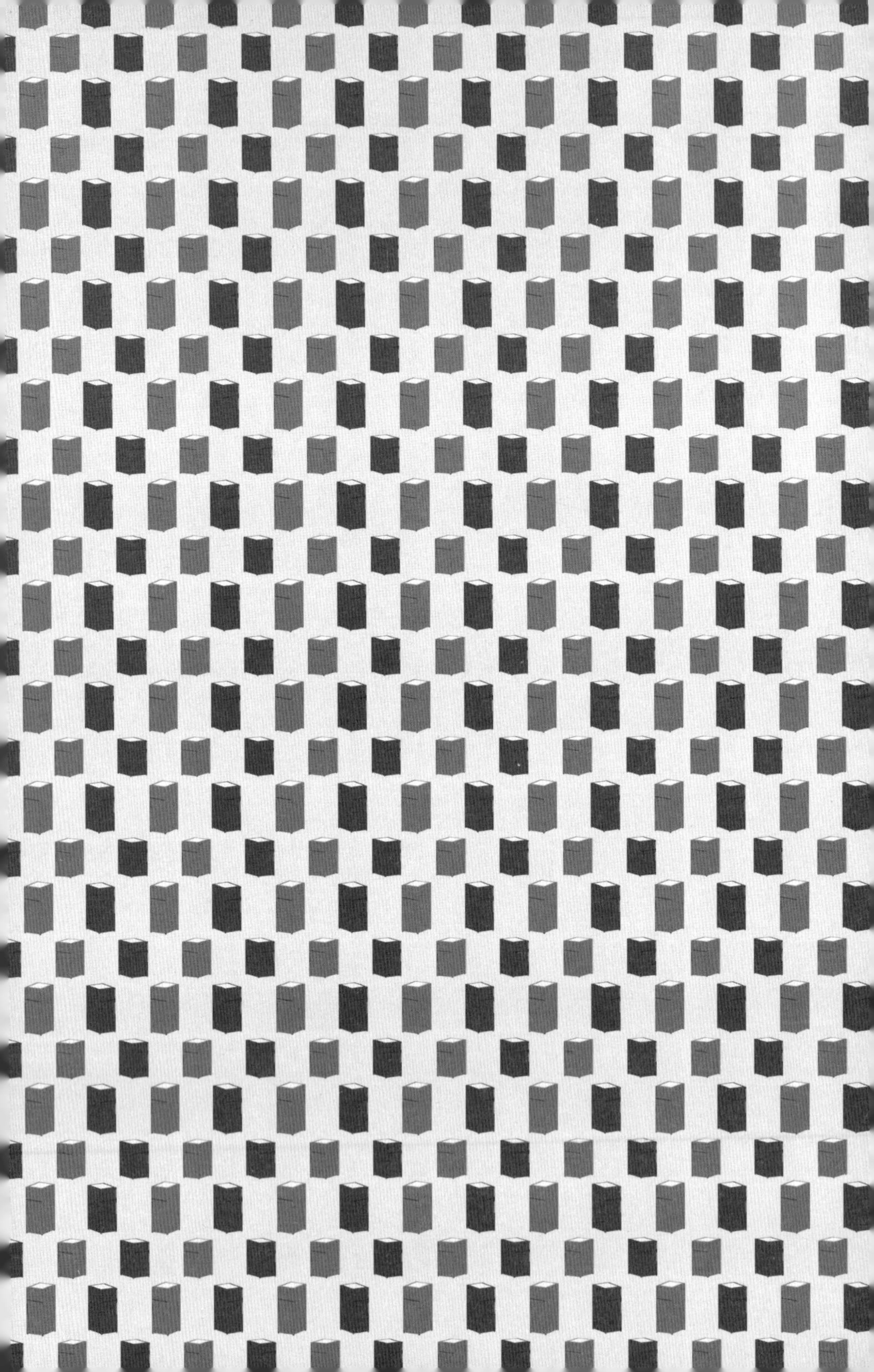